現場の「困った！」を解消する

鈴木邦成
Kuninori Suzuki

著

基礎からわかる物流現場改善

日刊工業新聞社

はじめに

　物流現場の改善活動をしっかりと行えば、製造業にとっての大きな強みとなる。実際、物流部門の最適化を念頭に、コスト削減や効率化を推進する企業が増えてきた。

　しかしその一方で「物流コストの上昇も気になるので、なるべくおカネをかけずに物流の現場改善を行いたい」というニーズは大きくなっている。

　大がかりなマテハン（物流関連）機器を導入したり、情報システムの刷新を図ったりするのではなく、まずは現場で創意工夫を凝らして物流改善を行いたいというわけである。たとえば、物流ツールをこれまで以上に効率的に活用したり、荷姿を工夫にしたりすることで物流コストも物流効率も大きく変わってくる。

　そこで本書ではそうした「コストをかけずにすぐできる物流現場改善」のニーズに対応すべく、おカネを使わずに頭を使って解決する現場改善の事例を集めて解説する。

　本書の構成は次のようになっている。

　第1章「物流現場での改善と現状分析」では、物流現場の改善の方針の立て方について、その概要を説明する。数値化やデータ化、あるいは物流コストの現状などをふまえつつ、「どの作業区分をどのように改善していくべきか」を検討していく方法論や道筋を紹介する。

　第2章「納期順守と倉庫整理」では、「納期順守を意識するあまりに在庫が増えすぎたり、倉庫をうまく整理できなかったりする」といった課題に、改善事例を紹介する。納期や在庫の見える化を徹底することで改善の効果を上げていく。

　第3章「物流ツールを使いこなして改善」では、物流効率を低下させる大きな要因となる荷姿について、工夫、改善の方針や考え方を事例を紹介しながら解説する。荷姿を工夫することで保管効率や輸送効率が大きく変わり、コスト削減にもつながる。

第4章「物流現場のしくみを改善」では、物流現場では、必ず使いこなさなければならないパレットや台車、固定ラックなどをじょうずに使って効率化を図っている事例を紹介する。せっかく持っている物流ツールを宝の持ち腐れにせず、最大限に活用していくことで改善を図っていく。

　第5章「物流コストをもう一度見直す」では、物流コスト上昇の傾向を意識して、ムダを省き、コスト削減を図るという基本的な姿勢をもう一度見直していく。出荷量の適正化で省スペース化を図るといった改善事例を紹介し、コスト削減に生かしていく。

　第6章「返品、リコール対応の現場改善」では、返品、リコール、修理などの静脈処理の作業プロセスの円滑化において不可欠な工夫を紹介する。今後、需要が大きくなる部門だが、十分な対策が立てられていない物流現場も少なくない。

　第7章「安全対策・火災対策の視点からの改善」では、近年増加している大型自然災害や倉庫火災と、庫内の安全管理の改善事例を紹介する。困ったときに困らない適切な判断力や対応力を身につけられるように解説した。

　なお本書は発売以来、好評を博して増刷を繰り返している『事例に学ぶ物流現場改善』（2017年）の姉妹書となる。

　通勤・通学、現場でのちょっとした空き時間などの際にも手軽に内容が理解できるように、ハンディタイプで、各章のそれぞれの項目が見開きで完結するように構成した。左ページに「改善前」、右ページに「改善後」をそれぞれイラスト、図表、解説文で紹介している。

　また改善の導入にあたっての難易度についても3段階の☆印で示してある。まずは☆印の少ない、手軽にできる改善から手をつけていかれることをお勧めする。

　本書を手にすることで、物流のちょっとした現場改善の窓が、読者の目の前で大きく開かれることを祈ってやまない。

鈴木邦成

目　次

第❶章
物流現場での改善と現状分析

第❷章
納期順守と倉庫整理

納期順守を重視しすぎて過剰在庫を誘発

この状況どうする 在庫が多く、保管スペースが不足している

こうすれば改善できる 納期管理によって安全在庫の見える化を徹底し、
庫内在庫の総量を抑える！

改善のコツ 納期管理シートで安全在庫を見える化

第3章
物流ツールを使いこなして改善

パレットや段ボール箱の特性を把握

第**4**章
物流現場のしくみを改善
視点を変えて効率化を実現！

第**5**章
物流コストをもう一度見直す

ムダ、ムラ、ムリをくり返しチェック

第 **6** 章
返品、リコール対応の現場改善

イレギュラーな物流管理に対応

第**7**章
安全対策・火災対策の視点からの改善

作業負荷の小さな現場づくりを推進

第1章

物流現場での改善と現状分析

▶ 物流現場改善の考え方と方針

　物流現場で日々の作業、オペレーションに従事していると、「ここをこんな風に変えたらもっと作業がしやすくなるのに」「もっと簡単にできるやり方はないのだろうか」といった悩みや課題に突き当たることが少なくない。あるいは指示された作業を漠然とこなしていたものの、「こうしたらもっとやりやすくなるよ」とベテラン作業者などから教えてもらうこともあるかもしれない。物流現場の環境や作業手順などを改善することで、コスト削減や効率化の実現が可能になる。

　物流現場改善を進めるにあたっては、2通りのアプローチがある。1つは「理想の物流現場」をイメージし、現実をそのイメージに近づけるというやり方である。「物流現場はこうなければならない」という理想や理念に基づいた改善である。もう1つは、「現場の困った状況」を念頭に「こうすればよりよく変えられる」という工夫や修正を行っていくやり方である。現実主義的な対応といえるだろう。どちらのやり方も一理あるが、本書では後者の「困ったとき」に「困らないコツ」を中心に改善活動を考えていく。

　現場の困った状況を改善していくには、改善に関する似たような事例に数多く触れる必要がある。

　現場改善活動はたとえていうならば、医師の治療のようなものである。患者を診断し、病状から治療薬や治療方法を導き出していくように、改善前の課題が山積みになっている状況を分析し、改善策を提案し、実行していくことになる。したがって、どんな物流現場にどんな課題があるのかを見出していく必要がある。

　実際、名医といわれる医師は多くの患者を診察して、問診や診察データの異常から重大疾患の兆候などを的確につかんでいく。さらにいえば「この病気の人にはこうした病状が現れる」といったことを知らずに健康な人ばかりを診ているだけでは、初期段階の病気は発見できないだろう。

　物流現場改善もこれと似たところがある。理想的な物流現場だけを見ていても、「どこをどのように改善すればよいのか」という本質が見えてこない。もちろん、物流現場のあるべき理想像を把握しておくことは重要である。しかし現場の異常にいち早く気がつき、改善策をすみやかに提案していくには、「どのような現場がよい現場なのか」ということだけでなく、「こうした現場には

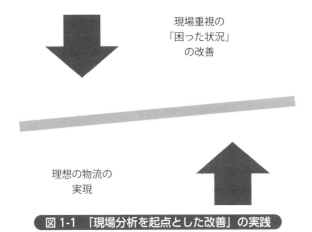

現場重視の
「困った状況」
の改善

理想の物流の
実現

図 1-1 「現場分析を起点とした改善」の実践

このような課題が隠れているものだ」といった、当たりをつける力も必要となってくるのである。

そこで本書では、まず、改善前の課題のある現場を見てもらう。そしてそのうえで、「どのように改善したらよいか」を考えてみてもらうことにする。詰将棋やクロスワードパズルを解くように、まずは改善前の現場をイメージして改善の方向性や方針、方策を考えてみるのである。

▶ 現場改善のセオリー

「勝ちに不思議の勝ちあり、負けに不思議の負けなし」という松浦静山の言葉がある。故人となったプロ野球選手の野村克也がよく口にした言葉としても知られている。この言葉は、物流現場改善にも当てはまる面がある。物流現場も試行錯誤で改善したところ、「結果オーライでうまく改善ができて、成果が上がった」ということがあると思う。

ある意味、改善には正解はなく、複数の選択肢があり、そのいずれでも改善が成功することもある。しかし、それなら何をしても改善できるのかといえばそうではない。「そのやり方では失敗するのは明らかだ」という「絶対にそれだけはしないほうがよい」という失敗に関わるセオリーも存在する。言い換えれば「正解はないかもしれないが、不正解は確実にある」ということになる。

本書で示す現場改善策が唯一の正解というわけではない。本書で示す改善案

はあくまで一例にすぎない。ただし、本書で示す項目の「改善のコツ」や「ここがポイント」を理解してもらうことで、失敗しない考え方を身につけていく。改善前と改善後を比較検討していくなかで、現場改善のセオリーを知ることができるのである。

▶ 整理整頓により「見える化された倉庫」の魅力

　庫内の5S（整理・整頓・清掃・清潔・躾）、3定（定位・定品・定量）などを徹底し、保管エリアの見える化を実現する。先入れ先出しを円滑に行えるように平置き、高積み中心の庫内環境を固定ラック（棚）の導入などで改善する。さらにいえば出荷頻度に応じたロケーション管理なども推進する。そのうえで在庫適正化を進めていくのである。

　庫内の乱れや汚れについても入念に管理する。「ラックの間口からはみ出している物品がないか」「間口いっぱいに詰め込まれていないか」「通路に物品が高積みされていないか」などをチェックし、該当箇所があればその原因を突き止め、改善する必要がある。整理・整頓などを励行するうえでのルール作りを、手順書やマニュアルの作成などを通して進めていくことも大切である。

　庫内をしっかりと整理・整頓する方針を部署全体、さらには全社的に共有していくことも求められる。「庫内を整理・整頓しなくても効率は変わらない」「時間をかけて整理・整頓してもすぐに乱れてしまうから意味がない」「忙しくて整理・整頓に時間をかけられない」などの抵抗や反論に丁寧に対応していかなければならない。

　実際、5Sなどを励行することで大きな効果を得ることができる。たとえば、整理という観点で考えると、「庫内が狭く十分な在庫が持てない」という場合、不要な在庫や十分に使い切れていないマテハン設備がスペースを取りすぎている可能性がある。5Sの徹底でスペースを最大限に有効活用できるようになる可能性がある。また、作業者の動線や作業手順にムダが多く、荷役生産性が低い場合、庫内がきちんと整理・整頓されていないために遠回りの動線が選択されていたり、ムダな運搬を繰り返す横持ちが増えていたりする。

　また整頓の視点から考えると、「緊急出荷用の部品の保管場所が担当者にしかわからないが、今日は不在なので出荷できない」「台車が所定の場所に見当たらず、運搬に必要以上に時間がかかった」といった現場の課題は、整頓を

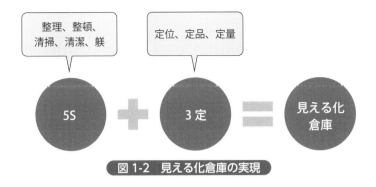

図 1-2　見える化倉庫の実現

しっかり行うことで解決できる。

　さらにいえば、庫内にゴミやチリ、ホコリなどがないように清掃されていることで、作業の見落としが減少し、荷役効率も向上する。清潔な庫内を常に維持していくように、現場全体が倉庫環境で5Sを絶え間なく実践するような「躾」も必要になってくるのである。

▶ 荷姿を意識しながら作業効率を改善

　物流効率を考えるうえで荷姿を適正化、最適化することは大きな意味を持つ。「トラックの荷台にどのような形状の荷物を積込むか」で積載率は大きく変わってくるし、「パレットに荷崩れすることなく積付けられるかどうか」ということで物流オペレーションの効率化の進捗具合も変わってくるのである。

　保管にせよ、輸送にせよ、効率の悪い荷姿は大きな制約条件となりうる。

　保管に関しては、3定を励行するためには、商品特性と物流特性に配慮した最適化された荷姿が求められることになる。3定の「定位」とは「保管場所をきちんと定めること」、「定品」とは「保管物を定めること」、「定量」とは「保管量を定めること」である。倉庫内の整理整頓を行ううえでの基本であるが、保管物の形状、すなわち荷姿が合理的でなければ、3定を実践することはできないだろう。

　合理的な荷姿の実践といえば、たとえば、商品に対して適切なサイズの段ボール箱やパレットを選定し、それに合わせた固定ラックや自動倉庫を導入するなどである。

輸送についても同じように、パレットやかご車に最大化して積載できる大きさの段ボール箱や通い箱、クレートなどを選択していく必要がある。さらにいえば、パレットなどの選択だけではなく、ストレッチフィルムや保護材も適切に用いていくことになる。

荷姿の工夫によって、物流効率が大幅に改善されることも少なくない。「物流効率が悪いが理由がよくわからない」「どこから改善に手をつけたらよいのかわからない」というときには、まずは荷姿の見直しに着手してみるのがよいかもしれない。

「保管効率が悪い」「積載率が低い」「3定がスムーズに実践できない」「荷崩れが頻繁に発生する」「作業効率が悪い」といったケースでは不合理な荷姿が原因となっている可能性があるわけである。

▶「自働化」や作業工程数の削減で手荷役を減らす

現場改善を行うコツとして「手荷役を減らす」という考え方がある。荷物をハンドリングしていれば、それだけミスを犯すリスクが高まる。したがって、ミスのない現場を作り上げるためには手荷役を最小限にすることが必要であるといえよう。

実際、負担の大きな手荷役は可能な限り減らしていきたい。たとえば、手運搬から台車運搬、あるいはフォークリフトやコンベヤによる搬送に切り替えることで、作業者の負担も軽減できる。自動倉庫やデジタルピッキングシステム（DPS）などを導入することで、ピッキングや仕分けの効率化を推進することも可能になる。

ただし、いきなり手荷役を機械荷役に切り替えるのではなく、まずは現場分析を行い、作業フローの手荷役状況を分析し、「どの工程のどの部分を機械化し、効率化すればよいか」という検討を入念に行う必要もある。

けれども、だからといって、「何もかもを自動化すればよいのか」というとそうでもない。自動化するためには高度なマテハン機器などの導入も必要になってくるわけで、そうなるとたとえランニングコストの削減を実現できたとしても、初期投資にかなりのコストをかけなければならない。自動化することによって作業の一部がブラックボックス化してしまうリスクも出てくる。したがって自動化にあたってはヤミクモに導入するのではなく、十分に計画を立案

して慎重に推進する必要もあるだろう。すなわち、人間が機械の動きに意思や知恵を反映させる、ニンベン付きの「自働化」が求められることになるわけである。

また、機械化を行わなくてもよい場合がある。たとえば出荷検品と梱包の作業工程が別々ならば、両工程を統合することで手運搬の工程を減らすことができる。作業工程数を単純化したり、統合したりすることで、手荷役数を減らすことが可能になるのである。

加えていえば、手荷役数が減らなくても、作業者にかかる負担が軽減されれば、ヒューマンエラーのリスクなども小さくなる。手荷役の段取りややり方を工夫することも、重要な改善のポイントとなってくるわけである。

▶ ムダを減らして物流コスト高騰に対応

「いかにムダを減らしていくか」と「いかにコスト削減を実現するか」という2つを、相乗効果を持たせるかたちで物流改善を進めていくことも重要である。

生産現場にはトヨタ生産方式のいうところの「7つのムダ」（加工のムダ、在庫のムダ、造りすぎのムダ、手待ちのムダ、動作のムダ、運搬のムダ、不良・手直しのムダ）がある。生産現場と物流現場を比べると、違いもあるものの、基本的なムダの種類や特性には共通点が多い。加工のムダ、造りすぎのムダ、不良・手直しのムダは流通加工の領域で物流センターにもみられるだろうし、手待ちのムダや運搬のムダは荷捌きや入出荷作業、仕分け作業などの現場で見られる。もちろん、在庫のムダは倉庫における在庫適正化にとって不可欠な改善要因である。

言い換えれば、「物流現場にはムダがあふれている」ともいえるだろう。そしてムダを減らしていくことでコストも削減されるわけである。

たとえば倉庫・保管コストが膨らむ原因として、「保管場所が明確に定められていない」「部品、製品と棚の保管サイズが合っていない」、「保管スペースが有効に活用されていない」といったことが考えられる。いずれも大きなムダが現場に潜んでいることの表れでもある。

なお、物流コスト削減に際して「一応の数値目標が瞬間的にクリアされたあと、もとに戻ってしまう」ということもある。「物流コストを一時的に削減し

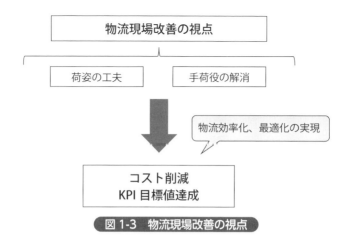

図 1-3　物流現場改善の視点

ても効果が長く続かない」というケースも少なくない。

　たとえば、期末に在庫を圧縮しても、新しい期が始まると在庫が増えてしまうことがある。これは無理なダイエットとその反動であるリバウンドの繰り返しと同じである。抜本的な解決が図られていないために「物流コストが肥大化しやすい企業体質」が改善されないのである。物流コスト削減の流れが正方向に進む企業体質を作り上げるには、「現場力」の強化が必要である。

　作業者が現場で不都合なこと、不便なことを発見したら、その場で改善を行っていく土壌を作り上げていくことも重要である。「いかに現場の作業効率を向上させ、コストを削減させていくか」を現場が日々、工夫していくのである。

　物流現場のスタッフが「積載率や保管効率をより高める改善」を日々繰り返すことで、経営トップの視線からは捉えられなかった工夫が現場にあふれることになる。

▶ 増える静脈処理のニーズに対応

　本書では返品、リコール、リペアにおける物流改善についても取り上げている。いわゆる静脈処理の領域になる。これまで物流現場改善がおざなりにされてきた領域でもある。

　たとえば返品についていえば、返品された商品については在庫管理システム

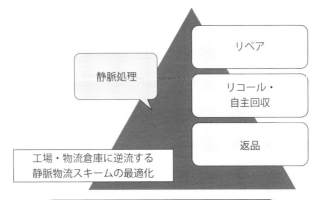

図 1-4　工場・物流倉庫における静脈処理

に組み込まれていなかったり、倉庫内で行方不明になってしまったりするケースも多々、報告されている。

　リコール、自主回収などについても増加する傾向にあるが、物流実務に関する手順書やマニュアルなどがきちんと整備されていない現場も多い。短期間に修理・部品交換ラインなどを動かし、効率的な回収スキームを構築したり、修理・部品交換後に顧客に返送する作業の効率化を進めていったりする必要がある。

　また修理については、消費者が自ら修理を行う「修理する権利」という考え方が欧米諸国で広がってきている。パソコンなどは、これまでメーカーでの修理が大前提であったが、「認定パートナー制度」などを設けて、自社以外が修理を行うこともある。しかし、その場合も純正部品を使用し、決められたプロセスで修理してきた。これは日本でも基本的には同じ方針で、たとえばスマートフォンなどの携帯端末については携帯電話のキャリアや、「登録修理業者制度」により総務大臣の登録を受けた修理会社などが行ってきた。

　ところがそんな常識がここにきて変わろうとしている。たとえば、米国の大手メーカーではスマートフォンやタブレット、パソコンなどの修理部品を個人にも提供するという取り組みを始めている。消費者自らが修理をするという流れが、物流にも少なからぬ影響を及ぼす可能性がある。

　一般消費者が故障した製品の修理を、修理業者に依頼するケースが増えてく

ることも予想される。一般消費者に向け「どのような包装、荷造りで修理依頼品を送ってほしいか」を明らかにしておく必要も出てくるわけである。

▶ 現場の課題を数値化して現状と原因を分析

　物流改善を推進するにあたって、直接的なコスト面からの視点だけ考えると、課題を見落としてしまうことになりかねない。そこで、物流コストの可視化だけでは補えない部分の効率化を促進する必要がある。そのための尺度として注目されているのが物流KPIである。

　「物流現場を改善した」「物流の効率化が図れた」というだけでは、その改善効果がどの程度のものなのかを把握することはできない。

　確かに「コストに反映されていなくても、作業効率が改善されたとなんとなく感じる」ことはある。しかし、だれもが客観的に理解できる尺度によって、物流改善の程度が把握できることが望ましい。また、目標とするデータ、数値などがなければ、物流改善の達成目標レベルも見えてこない。

　したがってロジスティクスの高度化、物流改善などを適切に進めるためには、課題・問題点を定量的なデータで把握し、その数値改善を図っていく必要がある。物流KPIの導入で、客観的に自社の物流のレベルを把握できるわけである。

　物流KPIを導入することによって、自社の物流コストや物流効率のレベルを同業他社と比較しながら行うことが可能になる。物流改善の基準が設定できるのである。

　ただし、理論だけでは物流改善の実際を実感できないということも少なくない。その場合に重要になってくるのが、本書で解説する改善事例研究ということになる。

　数値化も念頭に置きながら成功事例を分析し、物流改善のイメージを固め、そのロードマップをはっきりさせることが重要になってくるのである。データ化、数値化を前提としたうえで現場の経験や勘も重視しつつ、改善を実現していくのである。どのような数値、データが必要で、どのようなものが不要かということを取捨選択していくことも求められる。コストメリットなどふまえながら着手する優先順位を決めていく必要がある。

　「どのようにしたらコスト削減できるのか」「現場にムダはないのか」という

ことを常に念頭に置き、物流現場改善の試行錯誤を繰り返しながら目標となる
ゴールを目指していくことになるのである。

輸配送コストの削減

　物流コストのなかでも輸配送コストが占める割合はきわめて高い。したがって荷主企業の物流担当者の立場から考えると、トラック運賃の交渉が重要になってくる。

　しかし、トラック運賃が好条件でも積載率が悪ければ結局はコスト高となる。個建て料金の「定期便」ではなく、「チャーター便」などの場合は、積載率が1個あたりの実質コストに大きく影響してくるからである。「チャーター便が安いから」という理由で積載率が低いまま多頻度の輸送を繰り返せば、結局はコスト高となってしまう。したがって輸配送コストを削減していくには積載率を常に注視する必要がある。

　積載率の向上とあわせて車両サイズが適正かどうかもチェックする必要がある。2トントラックを2台使うのではなく、4トントラックが1台で十分というケースもある。4トントラックを1台チャーターするほうが安くなることが多い。

　なお、積載率重視に方針を変えた場合、それまでの多頻度納入システムなどに支障が出てくることもある。ただし過度の多頻度納入はこれを機に改める必要があるだろう。その対策としては一括納入日を設けたり、部品の共通化、標準化を推進し、発注アイテム数を減らしたりするなどの工夫が考えられる。

　また、とくに配送コストの削減を考えるうえで十分気をつけなければならないことに「誤配送の防止」がある。いくらコストを削減させてもその反動で裏コストが発生してしまっては結局、割高になってしまう。コスト削減の結果、配送の質が低下し、誤配送、配送遅れなどが頻繁に生じることになれば、企業の受けるダメージははかりしれない。たった一件の誤配送でも生産計画の変更などを余儀なくされることもある。細心の注意が求められるのである。

第2章

納期順守と倉庫整理

納期順守を重視しすぎて過剰在庫を誘発

01 納期順守と適正在庫の ギャップを解消したい

難易度 ★★☆

この状況 どうする　在庫が多く、保管スペースが不足している

　納期順守を優先しているが、そのために安全在庫が増えている。在庫量に押されて保管スペースが足りず、外部倉庫を借りることを検討している。手狭になった庫内で作業効率も低下しているし、納期に迅速に対応するために、オンピーク時とオフピーク時の作業量のバラつきが大きい。オンピークには作業者が不足し、オフピークには余っている。ちなみに荷量は大ロットが多い。

在庫が増えすぎてスペースが足りないね

納期管理によって安全在庫の見える化を徹底し、庫内在庫の総量を抑える！

　納期管理の見える化を徹底するために現場で「納期管理シート」を作成し、出荷予定量と出荷予定時期とそれに対応する実在庫数、必要な補充量や安全在庫量をシートに明示した。あわせて、取引先企業と出荷量の平準化について話し合い、出荷量のバラつきを抑えた。また生産現場との連携を密にして、生産ロットを小さくすることで庫内の総在庫量、安全在庫量の低減を図った。

納期管理シート（例）

品名・品番	管理項目	1日	2日	3日	……	25日	26日	27日	28日	29日	30日	今月総計
製品A	生産計画											
	生産実績（累積数）											
	納期											
	出荷予定											
	実在庫数											
	補充在庫数											
製品B	生産計画											
	生産実績（累積数）											
	納期											
	出荷予定											
	実在庫数											
	補充在庫数											
製品C	生産計画											
	生産実績（累積数）											
	納期											
	出荷予定											
	実在庫数											
	補充在庫数											

納期管理シートを作成しよう

これで安全在庫量が見える化されるね

改善効果

　安全在庫の低減、小ロット化を推進したことで、庫内の保管スペースに余裕ができた。その結果、外部に借庫をする必要がなくなり、コスト高を回避できた。また、必要以上の大ロット出荷を解消し、小ロット出荷での作業平準化が実現できたことから、作業者数についても、オンピーク、オフピークのバラつきを解消することができた。その結果、人件費の負担も抑えることができた。

改善の
コツ 納期管理シートで安全在庫を見える化

▶ 改善の流れ

　納期順守に自信が持てないために安全在庫を持ちすぎている。そのために保管スペースが不足してしまっている。出荷実績と安全在庫量の現状を把握したうえで、その見える化を図るために生産計画とリンクさせた納期管理シートを作成し、「出荷量や納品リードタイムをふまえるとどれくらいの出荷ロットがのぞましいか」「安全在庫量を現状よりも削減することは可能か」を見定め、小ロット出荷による現場の平準化を推進する。

▶ ここがポイント：出荷ロットと納品リードタイムを定義

　納期を過度に意識すると安全在庫量が増える。現場の生産体制が不安定であったり、バッチ生産に頼りすぎたりすると、在庫が増える。出荷ロットと納品リードタイムをしっかりと定義し、安全在庫の適正化を目指す。

解説

　「どれくらい製品を生産するのか」という生産計画と「どれくらい原材料、部品を用意して、どれくらいのリードタイムで製品を生産するのか」という在庫計画と、「いつまでに製品を納品するのか」という納期計画のバランスが悪く、それぞれの計画がかみ合っていないと安全在庫が膨らむことになる。

　たとえば、原材料や部品を必要以上に調達し、「工場は常に稼働させておいたほうがいい」と考えて、大量に生産するようなことがあれば、原材料や部品については「在庫のムダ」、工場の生産については「作りすぎのムダ」が発生することになる。もちろん、その結果、物流現場は保管スペース不足に陥ってしまう。言い換えれば製造業の工場倉庫の安全在庫量が増えすぎる大きな理由としては「納期管理がしっかりできていない」というケースが多いのである。

　工場の生産ラインの進捗状況がしっかり把握できないために「納期に間に合わないと困るから早めに、多めに生産しておこう」と考える。すると、原材料、部品などの在庫も仕掛品在庫も半製品在庫も多めに持つことになる。また「人員が余っているのに何も作業させないのはムダを生む」とばかり、生産ラ

インを必要以上に稼働させれば、製品在庫が膨らんでしまう。

　したがって納期管理をしっかり行い、それにあわせて必要な数量をタイムリーに納品できるしくみ作りが必要になってくる。物流現場の作業者に「ムダがどうして発生するのか」「この在庫は本当に必要なのか」といった意識を徹底させることも重要である。

　保管スペース不足の遠因が納期管理のやり方にあることがわからないと、外部に借庫するなどしなければならず、コスト高を抑えられなくなる。

図　在庫過多によるスペース不足の改善

| 納期順守を意識して補充アイテムを
増やしたが……（在庫過多の現状分析） | 保管スペース不足
オンピークに足りない作業者
オフピークに余る作業者
効率の悪い庫内作業状況 |

| 【要因】
生産計画と在庫計画の連携不足
安全在庫量を過剰に設定
納期順守率低下を極度に警戒 | 納期順守を意識するあまり、
在庫が多めになる |

| ●納期順守をストレスなく実施できるように
　納期管理シートを作成
●納品数量を平準化、小ロット化
●安全在庫量の定義、設定の見直し | アイテムごとに生産計画、生産実績、納期、出荷予定、実在庫数、補充在庫数、安全在庫量などを一覧表にまとめて、時系列的に納期へ向けた状況をチェック |

| 【成果】
保管スペースの改善作業者、
作業量の平準化、
効率化の実現安定した納期順守の実現 |

関連情報　VMI

　下請法により「当日発注当日納品」などの過度なジャストインタイムは行われなくなる。そこで注目されるのがVMI（ベンダー管理在庫）である。納品元が在庫水準や納期管理に責任を持ち、納品先と情報共有する。

02 欠品の多発を解消したい

難易度 ★★☆

この状況どうする 出荷部品が在庫切れとなっている

　納期が迫っている部品が在庫切れになっている。その反面、納期まで余裕のある部品の在庫は多く、庫内のスペースを占領している。すぐに出荷する必要がない部品はあるのに、急ぎの部品の在庫は欠品となっている状態である。また、納品実績が非常に少なくなっている部品が余っている。すでに生産中止となっているモデルの部品在庫も抱えている。

出荷日が近いのに商品がないよ

こっちは出荷まで時間があるんだけどなあ……

こうすれば改善できる 8

出荷時期の迫る部品の保管スペースには、欠品の注意喚起の「赤札（赤紙）」を用意する

出荷量の少ない在庫は思い切って処分する。過去に納期遅れを発生させたことがあったり、在庫切れを起こしたりしたことのある部品については、保管スペースに「赤札」を出し、欠品の注意喚起を徹底した。また在庫状況については、前期までの出荷実績、直近の動向を一覧表にまとめてグラフ化し、在庫量が不足しているようであれば、生産部門に確認することにした。

納期遅れや欠品が発生しやすいアイテムの間口には、赤札を出して注意を喚起するのがいいね

赤札

納期遅れ注意

最低在庫　　　：5
発注数　　　　：10
商品名　　　　：XXX
価格　　　　　：XXX円

発注元：（株）ABC

改善効果

赤札を出すことで欠品に対する現場の意識が高まり、納期直前になって、「欠品が発生している」「在庫がない」といった事態の発生が減少した。また、出荷量の少ない在庫を処分したことで、保管スペースにも余裕ができた。出荷実績と納期の関係をグラフによって示すことで、「今月はどの部品の在庫がどれくらい必要なのか」という目安を現場が立てやすくなった。

改善のコツ ❷ 欠品しやすい部品の出荷傾向を把握する

▶ 改善の流れ

　納期遅れを起こしたことのある部品については「赤札」を用意し、「納期遅れ発生」の札を保管スペースに掲示する。また複数回に渡って納期遅れを出したことがある部品は「納期遅れ多発」、ヒヤリハットとして、「もう少しで納期遅れの欠品が発生していた」という事例があった部品には「納期遅れ注意」の赤札を出す。札の色はすべて赤というわけではなく、黄色やオレンジなども適宜使用して場合分けしても構わない。

▶ ここがポイント：在庫管理の責任者を設定

　赤札を出すにあたって、欠品管理の責任者を設けて、生産部門との連携も図る。赤札が出ているにもかかわらず欠品が解消されないようであれば、責任者が原因を究明するようにする。

解説

　好ましいこととはいえないが、部品サプライヤーなどがアセンブラー（組立メーカー）の求める納期を着実に守ろうとするあまり、過剰在庫が発生することは少なくない。在庫量をギリギリまで下げると、生産工程で遅れが発生した場合、欠品や納品遅れなどのリスクがある。そのため、多めに在庫を持つことでこの問題の解決を図ろうとするのである。サプライヤーとアセンブラーが生産計画、在庫情報、納期情報などを共有し、適正在庫のもとでのタイムリーな納品を目指していくのが本来は望ましい。

　納品量の見定め方によって過剰在庫や過小在庫が発生してしまわないように留意する。高頻度出荷品については不定期かつ不定量に出荷依頼が出される可能性が高い。したがって、高頻度出荷品については在庫切れを起こさないように、細かく在庫状況の推移を観察しておく必要がある。在庫が少なくなれば、こまめに赤札を出す必要もあるだろう。

　その一方で、中低頻度品については定期的、あるいは定量的に出荷するケースが多い。定期的に納品する必要のある品目については「出荷時期が近くなっ

ている」ということから赤札を出し、ほぼ一定量の出荷が続くならば、在庫水準が出荷量を下回った段階で赤札を出すことになる。

「適正在庫量は一度設定したら永久にそのままで構わない」というわけではない。出荷量は季節波動や流行波動、あるいは景気などの影響を受けて変化し、納期も複雑に変動していく。日次、週次、月次などのレベルで出荷頻度をその都度、チェックしていく必要がある。

なお適正在庫水準を定義付けたうえで、在庫状況の可視化を行うために、クラウド型の在庫管理システムを導入するのも有力な選択肢である。

図　欠品の多発で納期が守れない

納期遅れの発生しやすい品目（全般）

- 出荷頻度に関わらず、過去に納期遅れなどが発生したことのある品目については、「納期遅れ実績あり」「欠品実績あり」などの赤札を出す

高頻度出荷品

- 細かく在庫状況の推移を観察
- 在庫が少なくなったら、こまめに赤札を出す
- 「生産が間に合わない」などの理由での在庫切れは生産部門と協議

中低頻度出荷品

- 定期的、あるいは定量的に出荷するケースが多いことに留意
- 定期的に納品する必要のある品目については「出荷時期が近くなっている」ことを示すため、赤札を出す
- ほぼ一定量の出荷が続くならば、在庫水準が出荷量を下回った段階で赤札を出す
- 「欠品に気がつかなかった」「うっかりしていた」といった理由の在庫切れに注意

関連情報　欠品率

　納期管理について、欠品率（%）（欠品発生件数÷総受注件数×100）や滞留在庫比率（滞留在庫数÷全在庫数）を把握しておくとよい。一般に欠品率は5%以下に抑えたいところである。

03 出荷量に見合った保管スペースを確保したい

難易度 ★☆☆

この状況どうする タイムリーな出荷体制が構築できない

　部品調達のコスト削減を念頭に、月初に大ロットにまとめて発注し、一括納品させていた。しかし、倉庫が手狭で部品の保管スペースを十分に確保できない。そこで納品を外部倉庫で受け、必要にあわせて、工場倉庫に横持ちのかたちで小まめに搬送していた。しかし、その外部倉庫も手狭になってきたため、より大きな外部倉庫を借りる必要性に迫られている。

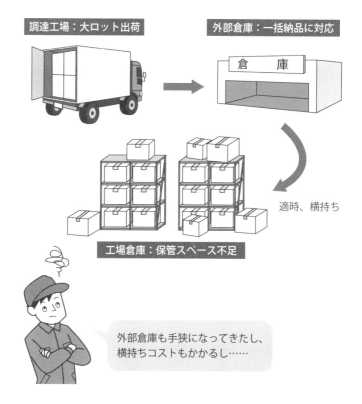

調達工場：大ロット出荷　　外部倉庫：一括納品に対応

倉　　庫

適時、横持ち

工場倉庫：保管スペース不足

外部倉庫も手狭になってきたし、
横持ちコストもかかるし……

こうすれば改善できる **8** 外部倉庫への大ロットの一括納品から、工場倉庫への複数回の直接納品に切り替える

　工場への1回の納品量のバラつきを解消し、平準化を推進することにした。一例として調達元の工場からの1回の納品ロットを従来の3分の1程度とし、これまでの一括納品を改め、3回に分けて納品してもらう体制に変更した。納品のタイミングや間隔は、工場の生産計画を念頭に、柔軟に対応することにした。

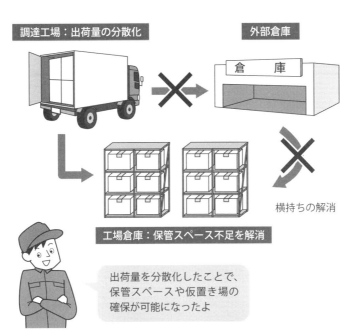

調達工場：出荷量の分散化

外部倉庫

倉　庫

横持ちの解消

工場倉庫：保管スペース不足を解消

出荷量を分散化したことで、保管スペースや仮置き場の確保が可能になったよ

改善効果

　1回の納品ロットが抑えられたことで、工場倉庫の保管スペース、仮置き場を確保できるようになり、外部倉庫からの横持ち輸送量を大幅に削減できた。外部倉庫の保管スペースを最小化することでコスト削減も可能になった。また、横持ちに関わる積込み、積卸し、荷捌きなどがなくなり、作業時間の短縮、作業者数の低減などにもつながった。

納品量を、平準化を念頭に適正化する

▶ 改善の流れ

1回当たりの納品量の多いアイテムを抽出し、「なぜ納品量が多くなっているのか」を分析する。生産計画に沿った組み立てラインなどの都合ではなく、「大量納品のほうが手間が省ける」「大型トラックで一度に納品したい」といった調達元の事情ならば、担当者と話し合い、1回当たりの納品量を調整し、生産ラインとの同期化を図る。納品ロットに合わせた庫内整理を行い、保管スペースや仮置き場を確保する。

▶ ここがポイント：納品量の平準化

納品量は小ロットに分けるが、各回の納品量は平準化して、可能な限り均等な納品量にするように工夫する。たとえば、「1回当たりの納品量はパレット単位で5枚とする」といったように平準化する。

解説

「大量に注文したほうが調達コストがかからない」「大ロットならば輸送コストが割安になる」といった理由で納品ロットを増やしてしまうと、生産ラインと同期していない在庫を多数抱えることになりかねない。納期管理に自信がなく、「在庫は多めに抱えていたほうが生産リードタイムを気にしなくてよいのではないか」といった理由が潜んでいるケースもある。現場関係者のこうした意識を改革し、品種ごとの入荷量・納品量や部品在庫量、仕掛在庫量などを綿密に管理する必要がある。

納品ロットの大雑把な納品体制を改め、顧客の指定する納期をしっかり守りつつ、適正納品量を設定していく必要がある。なお、ここでいう適正納品量とは生産ラインへの投入に際して、欠品を発生させずに過剰在庫とならない適量を意味する。サプライヤーとアセンブラーが在庫情報を共有し、あらかじめ補充発注時期などを予測して、納品計画、納品管理を行うことも大切である。在庫を売り手と買い手の双方で情報共有しながら管理することで、ムダな在庫や欠品を徹底的に防いでいく。

なお、納品量の分散化を進めるにあたり、トラックなどによる輸送量、配送頻度に加えて庫内の運搬量、運搬頻度についても平準化を進めるのが望ましい。大量に発注し、大量に輸送し、バッチ処理として大量に庫内で運搬作業を行うというのでは、大きなピーク波動に物流現場が耐えられない。また、輸送量や配送頻度を分散するだけではなく、トラックの積載率のバラつきも解消するように工夫する。

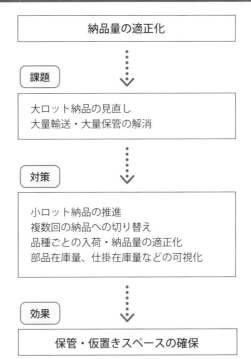

図　納品量の適正化による保管・仮置きスペースの確保

納品量の適正化

課題

大ロット納品の見直し
大量輸送・大量保管の解消

対策

小ロット納品の推進
複数回の納品への切り替え
品種ごとの入荷・納品量の適正化
部品在庫量、仕掛在庫量などの可視化

効果

保管・仮置きスペースの確保

関連情報　ジャストインケース（JIC）

　ジャストインケースとは、想定外の状況の発生に備えて多めの在庫を保有するという考えである。リスクヘッジを行いながらタイムリーに在庫を供給することを狙いとしている。

04 緊急出荷・特急出荷を減らしたい

難易度 ★★☆

この状況どうする 臨時便や社用車での搬送が増えている

定期便には載せられない緊急出荷・特急出荷が頻繁に発生している。臨時便や社用車などを用いて、納品先に持ち込むことになり、通常便以上のコストがかかっている。緊急出荷の対象となる部品が受注した際に欠品となっていることも多い。また、ピッキング漏れなどに、事後に気がつき、あわててフォローする「リカバリー出荷」も頻繁に発生している。

保管エリアの部品在庫数が頻繁に増減するから、欠品の発生がきちんと把握できないな

定期便では間に合わないから、営業車で届けるしかないね

緊急出荷・特急出荷で、輸送コストがかさむなあ

こうすれば改善できる **8**

庫内整理を徹底し、欠品の発生状況を可視化する！

　現状分析を行ったところ、在庫差異率（差異点数÷棚卸総点数×100）が大きく、それがピッキング漏れ、仕分け漏れなどの出荷忘れにつながっていた。ロケーション管理を導入し、在庫の見える化と入荷検品を徹底することで在庫差異率を改善した。さらに、納品先の倉庫で行う緊急の再梱包作業を円滑に行うために、簡易梱包を原則とするリカバリー出荷の梱包マニュアルを作成した。

検品の正確性向上
在庫精度をアップ

ロケーション管理を導入、整理整頓の徹底で欠品状況を正確に把握

リカバリー出荷対応の簡易梱包のマニュアル化
納品先で先行納品アイテムと合わせて、迅速に再梱包作業を実施

荷物の量・納品日	配送方法
小口で当日納品（近距離）	バイク便
小口で翌日納品	宅急便
ある程度のロットの当日・翌日便	軽貨物チャーター便

改善効果

　ロケーション管理を導入し、部品在庫のステータス（状況）をしっかり把握できるようにしたことで在庫精度が向上した。その結果、出荷忘れが解消され、リカバリー出荷が減少した。また、簡易包装の手順のマニュアル化、納品先の倉庫で追加で必要な再梱包作業が迅速に行えるようになった。緊急出荷の全体量が大きく削減されたことで、臨時便などの手配数が減り、コスト削減を達成できた。

改善の コツ　在庫精度の向上と欠品状況の見える化を徹底

▶ 改善の流れ

ロケーション管理を導入し、庫内の整理整頓を徹底する。同時にパソコン上の仕庫と実在庫が合っているのか、在庫差異が出ないように棚卸を入念に行う。ピッキング漏れ、仕分け漏れ、納品書の入れ間違いなどが生じないように手順書を充実させる。リカバリー出荷の際の梱包のマニュアルも整備する。緊急出荷が頻出する納品先やアイテムについては、必要に応じて庫内の該当ロケーションに「緊急出荷多発」などの注意書きを貼り出す。

▶ ここがポイント：指差し呼称の励行

出荷後にピッキング漏れなどに気がつき、リカバリーのために緊急出荷で対応することがないように、アイテムを指で指しながら声を出してアイテムを確認する「指差し呼称」を励行するようにしたい。

解説

ロケーション管理を導入することで「どこにどのアイテムがどれくらいあるか」がはっきりする。「どのアイテムが欠品状態なのか」もわかりやすくなる。また、ピッキングリストに沿った作業もやりやすくなるため、ピッキング漏れや納品書の入れ間違いなどの減少にもつながる。結果として、出荷作業ミスに起因する緊急出荷を回避することにもつながる。

もちろん、それでも緊急出荷が発生することはある。庫内作業のミスに起因するケースばかりではなく、「生産ラインの遅れで特急出荷せざるをえない」「納品先の要望で、急ぎで出荷しなければならないアイテムが出てきた」といったことも考えられる。

そこで準備しておかなければならないのが、緊急出荷に対応した簡易包装のマニュアルである。後付けで緊急出荷するアイテムとさきに出荷したアイテムとが、本来は同一梱包のうえで出荷されていなければならないケースも少なくない。その場合、後付けのリカバリー出荷分や先納されているアイテムを、納品先の倉庫で梱包し直す必要も出てくる。その際に迅速に作業ができるよう、

緊急出荷分を簡易梱包しておくのである。

　さらにいえば、「小ロットならば宅配便やバイク便を使う」「ある程度以上の
ロットならば軽貨物チャーター便などを活用する」といった状況に合わせた輸
送手段をあらかじめ決めておく必要もある。緊急時は、時間的な余裕をもって
対策が講じられない危険がある。万が一の場合にもあわてずに、複数の選択肢
が思い浮かぶように準備しておくことも大切である。

図　ピッキング漏れなどによる出荷ミスの回避

```
┌────────────────────────────────────┐
│ ピッキング漏れなどのよる出荷ミスに起因  │
│ する緊急出荷・特急出荷の回避            │
└────────────────────────────────────┘
            ┊
  [課題]    ⋁
┌────────────────────────────────────┐
│ 庫内作業ミスの多発                     │
│ 低い在庫精度                          │
│ 長時間化する荷探し・運搬               │
└────────────────────────────────────┘
            ┊
  [対策]    ⋁
┌────────────────────────────────────┐
│ ロケーション管理による所番地化の導入     │
│ 入荷検品の徹底（2人1組体制、指差し呼称   │
│ の励行）                              │
│ ピッキング漏れ、仕分け漏れ対策としての   │
│ チェックリストの導入                   │
└────────────────────────────────────┘
            ┊
  [効果]    ⋁
┌────────────────────────────────────┐
│ 保管・仮置きスペースの確保             │
└────────────────────────────────────┘
```

関連情報　誤出荷

　出荷に際して対象となる物品の品目、数量などに誤りがある状態で出荷処理さ
れてしまったことを指す。誤出荷には、出荷品目が誤っている場合や個数が正確
でない場合などが考えられる。物流センター側の責任となる。

05 非効率な庫内運搬を解消したい

難易度 ★★★

この状況どうする 保管アイテムの取り違えが多発している

　庫内の作業動線が非効率で、作業者が台車、かご車などを用いた運搬に時間がかかっている。運搬効率を上げるために、出荷エリアに近い通路などに高頻度出荷品を平置きするなどして対応している。保管スペースを集中させ、可能な限り高積みして管理しているのである。しかしそれでも保管アイテムの取り違えなどが発生し、困っている。

通路に高積み
狭いスペースに詰め込み

通路に平置き

出荷頻度の高いアイテムは
庫内通路に高積みしよう

取り間違いが多くて
時間もかかる……

こうすれば改善できる 8

適切な通路幅に修正して、庫内の作業動線を効率化

たとえばカートピッキングエリアの通路幅を1.2m、フォークリフト荷役の保管エリアの通路幅を3mに統一するなど、庫内通路幅をピッキングや荷役の形態に合わせてラインテープを貼り、正しく明確にした。また通路内の平置き、仮置きなどは可能な限り回避した。庫内レイアウトについても作業動線を単純化し、出荷頻度別のレイアウトに変更した。

ラインテープ

通路幅を決めて通路を
わかりやすくしたよ

出荷品別のレイアウトで
平積みを解消しました

改善効果

通路幅を適正化、通路構成を単純化したことで、ピッキング、運搬などの作業効率が向上した。通路内に品物が平積みされていることもなくなって、庫内作業の煩雑さも消え、ピッキングミスなども減少した。加えて出荷頻度別のレイアウトに変更したことで、「どのアイテムの出荷作業に重点を置くべきか」がわかりやすくなり、作業効率も向上した。

庫内作業を行ううえで最適な通路幅を設定する

▶ 改善の流れ

カート、台車、フォークリフトなど、通路ごとの作業特性を把握し、それに合わせた通路幅を設定する。作業者や台車が1人ずつ通れる幅にするべきか、2人並行して通行できる幅にするべきなのかなどは、現場の意見を聞きながら設定する。通路には物品を平置き、仮置きなどしないように指示を徹底する。アイテムごとの出荷頻度を順位付けて、出荷頻度の高い品目は通路の手前やゴールデンゾーン（床上60〜160cm）に配置する。

▶ ここがポイント：ABC分析の実践

出荷頻度はA（高頻度出荷品）、B（中頻度出荷品）、C（低頻度出荷品）、D（デッドストック）のように分類する。Aが全体の20〜30%程度を占めることが多い。Dについては時期を見て処分するようにする。

解説

倉庫におけるオペレーション全体の流れはI字型かU字型か、どちらかのレイアウトが一般的である。入荷、入荷検品、入庫格納、保管、ピッキング、仕分け、出庫、出荷検品、出荷という一連の手順を考えると、一連の作業ラインがI字型のレイアウトでワンフロアに収まっているのが理想といえる。一筆書き状の動線に一連のオペレーションが順次並ぶことによって、作業の混同や混乱を可能な限り抑えられる。

ただし、I字型レイアウトは倉庫の敷地、延床面積などに十分な余裕がなければうまくできないケースも多い。その場合はU字型レイアウトを用いる。これは倉庫の手前側のトラックバースに並行させるかたちで入荷バースと入荷エリア、出荷バースを出荷エリアを設け、その奥に保管・ピッキングエリアを設けるというレイアウトである。コンパクトなスペースでも迅速な作業が可能であるが、入荷バースと出荷バースが隣接するため、入出荷アイテムの取り違えなどによる誤入荷、誤出荷のリスクに注意する必要もある。

2階建て以上の多層階の倉庫ではエレベータの活用を前提として、1階に入

出荷バースと荷捌きエリアを設け、2階以上を保管・ピッキングエリアとするレイアウトとなっていることが多い。

なお、効率的なオペレーションを展開するにあたり、通路以外の庫内スペックについても把握しておくことが望ましい。たとえば、3段の固定ラックを導入してフォークリフト荷役を庫内で円滑に展開するには、天井高（梁下有効高）が5.5〜6mは必要になる。これは、フォークリフトの最大揚高を考慮してのことである。床荷重も1.5t/m²が標準となってくる。

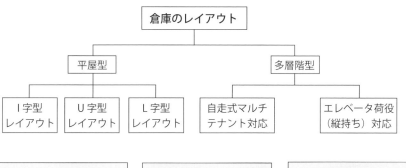

図　倉庫の基本レイアウトと動線

I字型レイアウト

U字型レイアウト

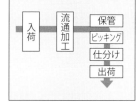

L字型レイアウト

関連情報　ラインテープ

　庫内の通路や作業エリアを明示するためにラインテープを床面などに貼る。通路が定義され、作業動線を混同したり誤解したりすることなく通路スペースを確保できる。ラインテープの色や太さは庫内環境を考慮して選択する。

06 荷役作業で発生するムダを解消したい

難易度 ★★☆

この状況どうする 荷繰り・荷探しが多くなってしまう

平置き、高積みなどが多いため、荷繰りや荷探しを頻繁に行わなければ出荷指示の出ている貨物にたどり着けない。とくに仮置きスペースでは、高積み段ボール箱の下段に必要とする段ボール箱があることも多く、取り出す際には上段の段ボール箱を移動させたり、横持ちを行ったりすることも少なくない。荷繰りや荷探しなどの非効率な作業を解消したいが、なかなかできない。

こうすれば改善できる 8 固定ラックを導入して３定を実践、先入れ先出し法を励行！

　固定ラックを導入して、先入れ先出し法を負担なく行えるようにした。さきに入荷した段ボール箱を下段に格納しても、固定ラックに収納されているため、荷繰りをしなくても取り出せるようになった。荷繰りが解消したことで荷探しも減少した。保管位置を固定する３定管理を実践し、「どこに何をどれだけ保管するのか」を明確にした。

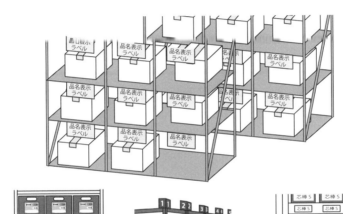

数量表示（定量）

どれくらいあるかわかる

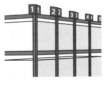

場所表示（定位）

どこにあるかわかる

品目表示（定品）

何があるかわかる

改善効果

　固定ラックを導入したことで先入れ先出し法がスムーズに行えるようになり、荷繰りがなくなった。高積みされた段ボール箱などが視界をさえぎり、荷探しに時間がかかることもなくなった、さらに、保管アイテムの所番地化で場所表示（定位）を徹底し、在庫・補充ラベルを導入して数量表示（定量）、品目表示（定品）を行ったことで、出荷指示に迅速な対応ができるようになった。

改善の コツ 先入れ先出しがどうしたらできるかを工夫

▶ 改善の流れ

作業者に先入れ先出し法の原則と方針を徹底させる。そのうえで、固定ラックを導入し、高積みの段ボール箱などに場所、品目、数量を表示したのれん状のラベルを間口につける。予算の関係から固定ラックの導入が難しい場合は、ラインテープなどを使って保管位置を明示し、決まった場所に決まったモノを決まった量だけ置き、作業者に周知する。数量表示については「○○個になったら補充」など、補充の目安なども示すとよい。

▶ ここがポイント：視界をさえぎる高積みの回避

高積みのデメリットは庫内の視界をさえぎり作業効率を低下させることや、先入れ先出し法を実践できないことにある。また、庫内の横持ちの要因にもなっていることが多い。庫内動線への影響もチェックしておく。

解説

先入れ先出し法

荷繰り・荷探しを防ぐために、最低限の原則として入出庫、および入出荷にあたって先入れ先出し法を実践する必要がある。

先入れ先出し法とは、倉庫などに保管した製品などを出庫する際に、先に入庫されたものから順番に取り出す方法である。品質管理、在庫管理の基本といってもよい。必要以上に長く保管すれば商品が劣化する可能性が出てくる。保管が長期に渡れば、サビや染みなどが商品に付着するかもしれない。「先に倉庫に保管したものから順番に出庫、出荷する」ということを守っていれば、そうしたリスクも最小限に抑えられる。

簡単な原則だが、3定が正しく行われていない倉庫では高積みされた段ボール箱の下段に先に作った製品が置かれ、その上段に後から作った製品が置かれることが多くなる。上段にある、後から作った製品から出荷されると、下段にはいつまでも出荷されない製品が古くなるまで置かれるという事態が発生する。商品が固定棚に保管されている倉庫では、荷繰りをしないで取り出せるた

め先入れ先出し法が常に実践可能となる。先入れ先出し法を念頭に、しっかりとした倉庫整理を行う必要があるわけである。流動ラックなどを活用するのも一案である。

先入れ先出し法が徹底されていないと、期限切れの商品が在庫として残っていて、間違って出荷してしまい、購入者からクレームが来ることがある。たとえば食品では、鮮度や賞味期限、消費期限がトラブルになりやすい。また、日用品や家電などについても製造年月日が古い順に出荷されていなければ、想定外の状況で欠品が発生することにもなりかねない。

図　倉庫の基本レイアウトと動線

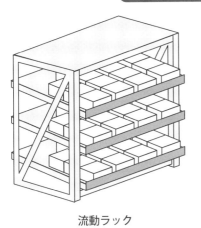

流動ラック

固定ラック

関連情報　先入れ後出し法

狭い庫内で単一アイテムの出し入れを頻繁に行う場合、先入れ後出しが効果的なケースも多い。荷繰りをせず、コンパクトなスペースで作業が可能になるし、原価コスト上昇が激しい環境では販売価格にも反映しやすい。

07 作業スペースを十分に取りたい

難易度 ★☆☆

この状況どうする？ 狭いスペースなのに分担作業が多い

　食品の袋詰めの検品・加工・梱包ラインで作業を行っているが、狭いスペースで分担作業が多く、効率が悪い。スペースに余裕がないことやレイアウトが適切でないこともあり、作業姿勢が必ずしも自然ではないように見える。小分け納品を重視して作業者を増やしているが、効率が上がらない。レイアウトを一新して作業者や設備機器などの配置を変え、効率化を図りたいと考えている。

こうすれば改善できる 8 出荷量や荷姿の見直し、作業台の高さ調整や工具置き場のレイアウト改善を実施

　出荷量が多すぎるために作業時間がかかり、負荷も大きいと判断した。1回の出荷量を絞ったうえで、バッチ処理が可能になるように荷姿を見直す。パレット単位の荷姿を、それまで使っていた紙袋からフレキシブルコンテナバッグ（フレコンバッグ）に切り替えた。作業台の高さは脇下から腰高までを原則とし、可能な限り身体の向きを変えずに作業できるように作業エリアのレイアウトを工夫した。

紙袋

作業台

レイアウトや作業台の高さに留意しよう

荷姿を見直して、パレットへの搭載作業を簡略化したよ

フレコンバック

改善効果

　1回当たりの出荷量を抑えたことで仮置き場を縮小し、作業スペースに余裕ができた。また荷姿を袋詰めから大型の1tフレコンバッグに切り替えたことでパレット積みを簡略化し、作業時間を大幅に短縮した。また青果物などの加工施設は手前を低くしたので物品や工具は取りやすくなり、姿勢を変えずに扱えるようなった。その結果、作業効率も大きく向上した。

改善の コツ 出荷ロットを絞って荷姿を工夫する

▶ 改善の流れ

　大量納入を平準化して1回当たりの、納品量を絞り、それにより仮置き場を縮小した。さらに出荷のバッチ処理を簡略化できるように、荷姿を小型の紙袋から大型のフレコンバッグに切り替え、パレット積付け時間を削減した。また、ムリな方向転換を強いることがないよう、姿勢などを変えずに前方の作業台で作業できるように設備配置を改善した。脇下から腰高までで作業ができるようにすることを原則に、作業台の高さも調整した。

▶ ここがポイント：フレコンバッグの活用

　原料、製品、リサイクル品などの輸送や保管にフレコンバッグを使うことで荷役効率を向上させることが可能になる。パレット上にフレコンバッグを載せてフォークリフトで運搬したり、クレーンで吊り上げたりする。

解説

　流通加工は物流加工ともいわれる。製造業の部品センターなどで行われる作業は生産加工の延長といえるものも多い。ただし、流通加工は商品に付加価値をつけるためのものであり、形状の大幅な変更を伴う作業は含まれない。店舗で行われてきた値札付けや食品の小分け・袋詰めなども流通加工に含まれる。

　無論、工場や店舗での作業と同じように身体の向きや姿勢にも十分注意する必要がある。流通加工の前工程のピッキングなどについても、腕や膝を長時間曲げたままとなるような作業には一定の休憩時間を設けるようにする。モノを上下に動かすような作業は平行移動に切り替えるなどの工夫も必要である。真後ろに振り替えるような振り向き作業はやめ、せいぜい横向き作業までを許容範囲とする。

　立ちっぱなし作業、しゃがみ作業、背伸び作業、重筋作業などが長時間、持続的に行われる場合、作業環境やプロセス、マニュアルなどを見直す必要がある。作業負荷が大きければ疲労が蓄積し、結果として効率が低下しミスも多発する。納期遅れなどにつながるリスクも出てくる。数分以上も直立不動の姿勢

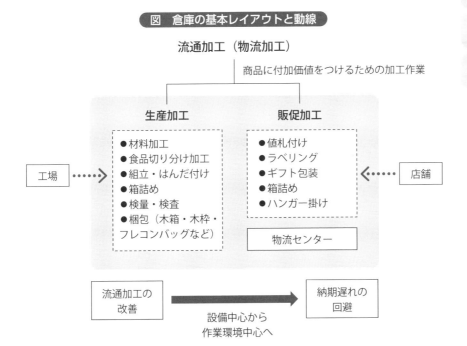

が続くようならば、なんらかの改善が必要になってくる。

　作業は単調さを意識させないようなリズムのある動きがあれば、体感疲労も小さい。適度な歩行や負担のかからない程度での身体の移動ならば、作業モチベーションも向上するだろう。対策としては、作業台の高さを使いやすく調整し、台の広さも十分に確保する。作業者の身長差も考慮して、昇降金具で高さを調整できるようにする。アーム台やBXレベラー（バネ式自動昇降台車）を活用して、柔軟に広さを確保するのも一策である。

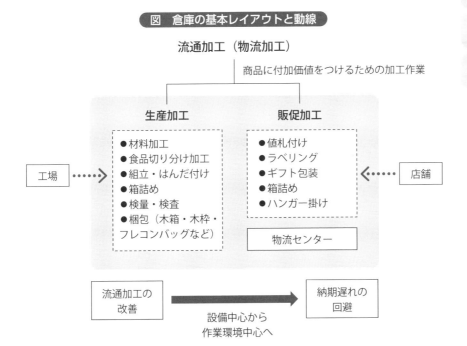

図　倉庫の基本レイアウトと動線

流通加工（物流加工）

商品に付加価値をつけるための加工作業

生産加工

- 材料加工
- 食品切り分け加工
- 組立・はんだ付け
- 箱詰め
- 検量・検査
- 梱包（木箱・木枠・フレコンバッグなど）

販促加工

- 値札付け
- ラベリング
- ギフト包装
- 箱詰め
- ハンガー掛け

物流センター

工場　→　　　←　店舗

流通加工の改善　→　設備中心から作業環境中心へ　→　納期遅れの回避

関連情報　ネット通販の流通加工

　ネット通販向けの流通加工の重要性も高まっている。たとえば、ネット通販サイトに商品画像をアップする場合、工場で見本写真を撮るのではなく、物流センターにスタジオを設けて撮影するといった事例が増えている。

納期順守と倉庫整理

実在庫と在庫台帳の誤差

　実在庫と在庫台帳が合わなくなることがある。たとえばアイテム数は多いものの個々の取扱数が少ない部品センターなどでは、急ぎの交換などでとりあえず伝票処理を行わず出荷してしまうことがある。しかしその場合、事後処理を忘れてしまうと「在庫が合わない」というケースが出てくる。特急品などの急ぎの出荷処理については、なるべく早い時点で必ず事後処理を行うよう、作業者の意識を徹底させておく必要がある。

　また、部品などの納入が午前中に集中してしまい、大量に入荷した物品をいったん仮置きせざるをえないというケースが出てくる。この場合も在庫精度が狂ってくるリスクがある。大量入荷を少人数で捌こうとしてもリアルタイム処理での検品、入庫・棚入れ作業は容易ではない。しかも午前中の入荷・入庫処理のまとめ作業が午後に繰り越せば、午後の入荷に対してもリアルタイム処理が難しくなる。その結果、作業者が残業しなければならなくなるわけである。そのためのコストもかなりのものとなるし、バッチ処理のための仮置きスペースも必要になる。こうした状況を改めるために、午前に集中している入荷を午後に回し、入荷検品、入庫・棚入れ作業をバッチ処理ではなくリアルタイム処理で行われるように工夫する必要がある。

　一般に入荷検品でミスがあると、「コンピュータ在庫には存在しない物品が在庫として存在する」ということになる。いったん仮伝票で処理をしてあとで処理しようと考えたものの、事後処理を忘れてしまうということもある。入荷・入庫作業はその都度、リアルタイム処理できる体制を整えておきたい。

物流ツールを
使いこなして改善

パレットや段ボール箱の
特性を把握

08 自動倉庫用のパレットの「たわみ」に対応したい

難易度 ★★☆

この状況どうする　パレットの荷崩れが出荷作業に影響

　物流現場の負荷低減を念頭にバラからパレットに貨物の取扱い単位を変えた。だが作業者が慣れないせいか、パレット上の品物が荷崩れを起こしたり、段ボール箱がつぶれてしまったりしている。また自動倉庫への保管ではパレットの中央部に想定以上のたわみによる凹みが生じてしまい、自動倉庫からの円滑な出荷ができなくなっている。フォークリフトの爪の部分の破損も目に付く。

段ボール箱をまとめてパレットにブロック積みしている。荷崩れを起こしやすい

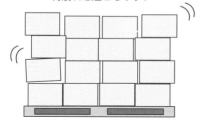

パレットに想定以上の荷重がかかってたわむ

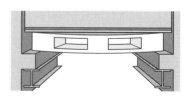

パレットの荷崩れや自動倉庫内のたわみが原因のトラブルが多いな

こうすれば改善できる 平パレットに発生したオーバーハングを是正し、あわせて自動倉庫での過積載を回避する

　平パレット上の段ボール箱がオーバーハング（はみ出し）していたので、バルク包装の形状を工夫して、オーバーハングしないように是正した。またブロック積み（棒積み）を改め、1つの段で縦横方向に向きを変えるレンガ積みなどを採用した。さらに自動倉庫内のパレットがたわまないように、平パレットへの過積載が発生しないように調整した。

バルク包装の形状を変更してオーバーハングを是正、
自動倉庫での過積載を回避する

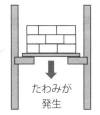

パレットの材質や板厚、曲げ強度（たわみ率）、
耐荷重などを理解し、問題となるほどのたわみ率
やひずみ量が発生していないか、常に確認する

たわみが
発生

バルク包装の形状を是正して、パレット上にレンガ積みなどにした

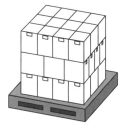

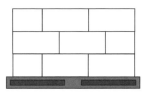

パレット荷役をスムーズに行えるように、積付け方や
積載量をしっかり決めておく必要があるね

改善効果

　貨物特性を考慮して、ブロック積みを可能な限り減らした。荷崩れは大きく減少し、それによって積み直しなどにかかるムダな作業時間がなくなった。またバルク包装を工夫して大型化したことで、積み付けにかかる作業時間が短縮された。自動倉庫については、平パレットのたわみに注意して入念に管理することでトラブルが減少した。

改善の
コツ　平パレットに合わせたバルク包装の導入

▶ 改善の流れ

　平パレット上でオーバーハングしている荷物の現状を把握したうえで、バルク包装の形状を是正する。ついで、それまでブロック積みされていた荷物をレンガ積み、交互積みなどに変更する。あわせて自動倉庫内での平パレット保管について、平パレットの材質、板厚、耐荷重を確認し、「過積載となっていないか」「たわみが発生していないか」「発生している場合はどの程度なのか」を確認し、トラブルの発生を回避する。

▶ ここがポイント：平パレットの積付け

　貨物の特性や平パレットの形状を念頭に積付け方を選択する。レンガ積みは各段の荷物を逆向きに積上げる。交互積みは各段の荷物を90°ずらして、ピンホール積みは各段を風車のように縦横組み合わせて積上げる。

解説

　自動倉庫やドライブインラック（フォークリフト進入型保管設備）の平パレット保管の場合、平パレットを支持する間隔によるたわみやひずみ量が問題となることがある。2点支持ラック構造の自動倉庫の場合、2点支持のスパンの長さとたわみ率との関係を十分に考慮して、マテハン機器メーカーなどと相談したうえでスパンの長さを決める。また二方差し平パレットについてはけた方向での保管を原則とする。また四方差し平パレットの場合はデッキボード保管とする。

　けたとは、フォークリフトの爪が入る部分である。トラック荷台に積上げる際の高さや積載量、積載率に影響することから、けたを必要最小限の高さとするケースも増えている。ただし、自動倉庫などに重量物を保管する場合には、けたに大きな負荷がかかることから、相当な高さとけた本数を確保する必要がある。パレットの板厚もひずみの発生や耐久性と関係がある。標準的な板厚として20mmを目安とし、それよりも薄いならば、ひずみが大きくなることを覚悟しなければならない。また、けた幅を厚くするほど強度は上がる。

なお、パレットラックへの保管の際に、パレットラックのうえにラックデッキを設置して、たわみの発生や変形防止対策とすることもある。ネステナーに積載して、たわみを防ぐネステナーデッキが使われることもある。

　なお、当然のことではあるが、パレットを立てて、トラックの荷台のすき間に入れて緩衝材の代わりとする「立てパレ」などは、本来のパレットの用途とはかけ離れるので行ってはならない。

図　パレットのたわみ対策

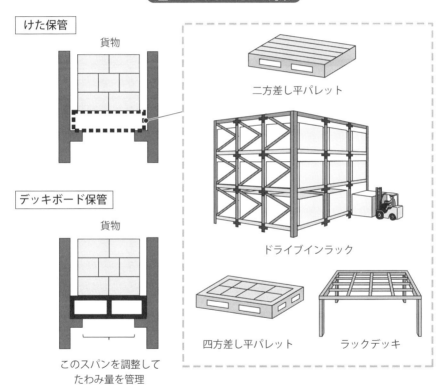

けた保管

貨物

デッキボード保管

貨物

このスパンを調整して
たわみ量を管理

二方差し平パレット

ドライブインラック

四方差し平パレット　　　ラックデッキ

関連情報　**パレットの動荷重と静荷重**

　動荷重とはパレット1枚に載せることが可能な最大積載量で、静荷重とは保管時などに積重ねる際の総重量である。パレットの自重を含むかどうかも確認しておく。静荷重は動荷重の2〜4倍程度となることが多い。

09 検品・梱包作業エリアの レイアウトを改善したい

難易度 ★★☆

この状況どうする 出荷検品と梱包作業の連携が悪い

保管エリアの小物棚からアイテムをピッキングして、作業台のうえで検品を行ったうえで、台車で別の作業台に運び、梱包し、出荷エリアに運んでいる。作業台が場所をとるので、狭いスペースで検品、梱包作業で前かがみになることが多く、作業効率はよくない。また誤仕分けもかなりの頻度で発生している。なお、作業台が低いのでオリコンの上に台を置いて高さを調節している。

物流現場の負荷低減を念頭にバラからパレットに貨物の取扱い単位を変えた。だが荷崩れを起こしたり、段ボール箱がつぶれてしまったりしている。

保管エリア

検品作業台

前かがみの作業で効率が悪いね。誤仕分けも多いし、作業時間も長い……

オリコンに作業台を載せて高さを調整

台車運搬

梱包作業台

検品、梱包後、コンベアに載せて出荷エリアへ搬送

至　出荷エリア

ローラーコンベヤ

こうすれば改善できる 8 検品作業台と梱包作業台の台車運搬をローラーコンベヤ搬送に切り替える

検品終了後に台車で梱包作業台に運搬するというプロセスをローラーコンベヤ搬送に切り替えた。作業台間の移動がなくなり、検品から梱包へのスムーズな作業移行が可能になった。またオリコンを作業台の土台に使うのをやめて、身長にあわせて作業しやすい高さに調整できる上下昇降式作業台を導入した。

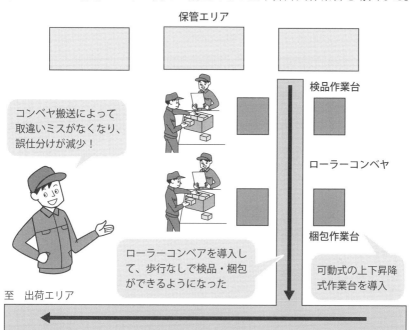

保管エリア

検品作業台

ローラーコンベヤ

梱包作業台

コンベヤ搬送によって取違いミスがなくなり、誤仕分けが減少！

ローラーコンベアを導入して、歩行なしで検品・梱包ができるようになった

可動式の上下昇降式作業台を導入

至　出荷エリア

ローラーコンベヤ

改善効果

台車運搬をコンベヤ搬送に切り替えたことで歩行時間がなくなり、トータル作業時間が短縮された。検品作業台でバッチ処理されたアイテムを梱包作業台にまとめて台車で運ぶ際にアイテムの取り間違いなどが生じていた。そのため誤仕分けが発生し誤出荷の原因となっていたが、コンベヤ搬送により解消された。また上下昇降式作業台の導入で適正な姿勢の作業となり、疲労もミスも激減した。

改善の
コツ　コンベヤ搬送を導入し、庫内運搬を効率化

▶ 改善の流れ

　検品作業台から梱包作業台までの動線にローラーコンベヤを敷設する。検品作業台で出荷検品を行ったアイテムはその都度、ローラーコンベヤで梱包台まで運ばれる。台車運搬作業などから解放され、検品に集中できる。ローラーコンベヤは駆動式にするが、コスト面を考えてフリーコンベヤ（手動式）にする選択肢もある。さらに作業者の身長に合わせて高さ調整を行える上下昇降式の作業台を導入し、作業姿勢にかかる負担を削減する。

▶ ここがポイント：コンベヤの動線

　コンベヤの動線は歩行作業者やフォークリフトなどの動線とぶつからないように注意する必要がある。コンベヤで庫内に動線を作ることで定点作業が可能になり、作業者の負担と作業時間は大きく削減できる。

解説

　「歩かない物流センター」を設計する場合、たとえば、少品種の大ロットを扱うならばパレット単位でフォークリフト荷役、多品種の小ロットを扱うならばコンベヤ搬送を使いこなすことが有力な選択肢となってくる。もちろん、すべてを機械に頼るわけではなく、必要に応じて手動も活用するなど、現場力の活用も重要になってくる。

　コンベヤ搬送を主体とした物流センターを設計する場合、まず入荷エリアから入庫コンベヤを経て保管エリアの流動ラックなどに格納される。出荷依頼を受けて、ピッキングコンベヤ上をピッキング用の通い箱を押しながら進め、そこから出庫コンベヤに載せて搬送する。

　ちなみに、発注単位ごとのオーダーピッキングを行う場合、入庫コンベヤから流動ラックへケース単位で補給を行い、流動ラックの前面で全品目品種をピッキングできるようにする。

　また流動ラックではなく固定ラックを用いるならば、出荷頻度別にアイテムを配置して、作業者の作業立ち位置のゴールデンゾーンに高頻度出荷品を集中

させるようにする。なおこの場合、出庫コンベヤの末端で検品、包装、軽量などを経て出荷されることになる。

　入荷ラインから出荷ラインまでの一連のプロセスにコンベヤ搬送を導入すれば完全自動化を実現した物流センターに近くなるだろう。しかし、コスト面を考えれば全工程にコンベヤを導入することは負担が大きすぎるかもしれない。そこで大口の品物が多い入荷ラインは台車を用いて、保管エリアに搬送し、多品種小口の出荷が多くなる出荷ラインはコンベヤ搬送で対応するというパターンを取ることも多い。

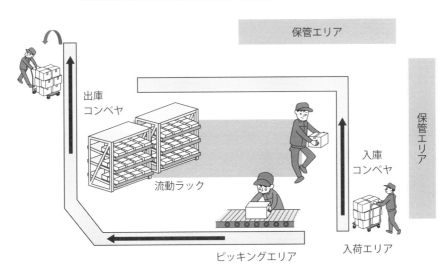

図　コンベヤ搬送機軸の物流センターのレイアウト（例）

保管エリア

保管エリア

出庫
コンベヤ

流動ラック

入庫
コンベヤ

ピッキングエリア

入荷エリア

関連情報　EIQ分析

　注文件数（E）、種類（I）ごとの出荷量（Q）に対するABC分析（出荷頻度分析）を行う物流現場改善の手法。EQ分析で注文の特性を、IQ分析で物流センター特性を見定める。伝説の物流コンサル、鈴木震の創案。

10 積載率をなんとか向上させたい

難易度 ★☆☆

この状況どうする 出荷ロットが小さく、配送頻度が高い

　納品の日時が指定されているケースもあり、積載率が低くなる。また、トラックドライバーの荷物の積込み、積卸しにも時間がかかっている。荷崩れも多いがストレッチフィルムを巻く作業時間が惜しい。「一度に大量納品を行えば解決できる」という社内意見もあるが、取引先からは「大ロット納品はやめてもらいたい」と繰り返し言われ、悩んでいる。

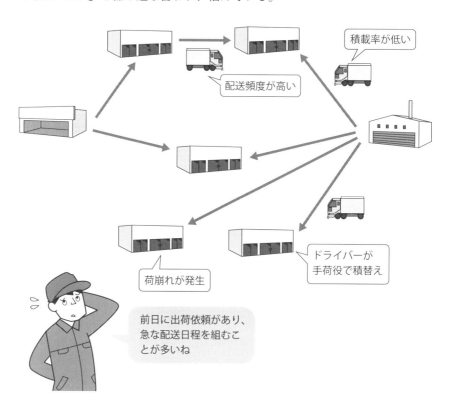

積載率が低い

配送頻度が高い

ドライバーが
手荷役で積替え

荷崩れが発生

前日に出荷依頼があり、
急な配送日程を組むこ
とが多いね

中継輸送やシェイクハンド輸送を導入し、積載率向上を推進

　輸送方面が同じく納品先については混載し、必要に応じて中継輸送を導入した。また、逆方面からの入荷トラックとシェイクハンド（ドライバー交替型）輸送を行うことで、平均積載率、実車率の向上を図った。出荷ロットは、小ロットから段階的にロットレベルを上げて、荷台を安定させるためカーゴ用エアバッグを導入し、中ロットの出荷量とすることを取引先と検討した。

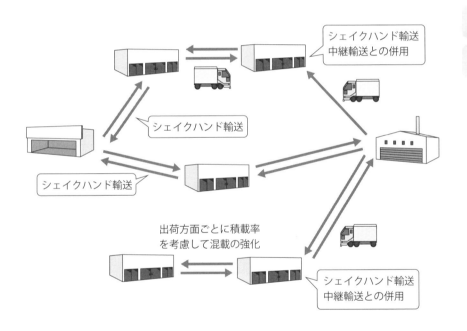

シェイクハンド輸送
中継輸送との併用

シェイクハンド輸送

シェイクハンド輸送

出荷方面ごとに積載率
を考慮して混載の強化

シェイクハンド輸送
中継輸送との併用

物流ツールを使いこなして改善

改善効果

　小ロットから中ロットに増やすことで荷室のすき間が小さくなり、さらにエアバッグを導入したことで荷崩れや荷の横滑りが減少した。また出荷方面別に荷をまとめて中継輸送を導入したことで積載率も向上した。さらにシェイクハンド輸送の導入で積載率（積載トン数÷積載可能トン数×100）やトラック実働率（運行日数÷運行可能総日数×100）の向上なども図れた。

改善の コツ　荷室のすき間を可能な限り小さくする

▶ 改善の流れ

　出荷量を多頻度小ロットから中頻度中ロットに段階的にシフトしていく。出荷方面ごとに中継輸送やシェイクハンド輸送の導入を図るなど、配送計画を見直す。必要に応じて他社とも協力した輸送スキームを構築する。納品先などの出荷方面が同じトラック便を可能な限りまとめる。中ロットにすることで積載率の向上を実現しやすくなり、加えてカーゴ用エアバッグを導入・活用することで、荷物の横滑りもしにくくなる。

▶ ここがポイント：荷崩れの防止

　急ブレーキなどの際などには、震度7程度の負荷が荷台にかかるとされている。荷崩れを防ぐためには集中荷重、偏荷重などで横滑りしないように、積荷間のすき間をなくすため、前方からきちんと積付けていく必要がある。

解説

　トラックドライバー不足が深刻化してきている近年の労働環境をふまえ、行き過ぎた多頻度小口配送を回避する流れが強くなっている。同一方面の荷物をまとめることで積載率向上を図り、最小限のドライバーとトラック便で対応する必要が出てきている。

　さらにいえば、中継拠点でドライバー交替やトレーラー交換などを図るリレー式の輸送方式（中継輸送）や、長距離輸送の積荷トラックを複数の短距離担当のドライバーで対応するシェイクハンド輸送も有力な対策となっている。

①中継輸送

　一連の輸送プロセスを1人のトラックドライバーが担当するのではなく、複数のトラックドライバーによるリレー方式での輸送である。中継輸送には次の3方式がある。

（1）トラックドライバー交替方式

　中継拠点でトラックと積載貨物はそのままで、トラックドライバーのみが交替する方式。

（2）トレーラー・トラクター交換方式

　トラクターを入れ替える方式。けん引免許を持つトラックドライバーが必要だが、スワップボディ（架装車両）を導入すればけん引免許がなくても可能。

（3）貨物積替え方式

　中継地点で貨物の積替えを行うかたちでも中継輸送を行う方式

②シェイクハンド輸送

　出荷先が反対方面のトラック便同士のトラックドライバーが、トラックを交換する輸送方式。ドライバーは荷物を載せた交替車両で、復路を運転できるので、帰り荷を確保し、平均積載率、実車率、トラック稼働率などの向上を図れる。

図　中継輸送とシェイクハンド輸送

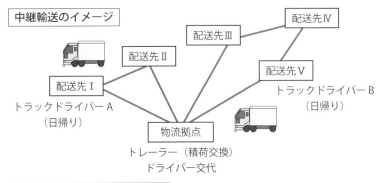

中継輸送のイメージ

配送先IV

配送先III

配送先II

配送先I

トラックドライバー A
（日帰り）

配送先V

トラックドライバー B
（日帰り）

物流拠点

トレーラー（積荷交換）
ドライバー交代

シェイクハンド輸送のイメージ

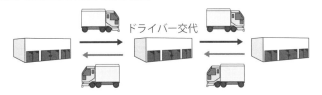

ドライバー交代

車両はそのままでドライバーのみ交替してそれぞれ積荷車両を運転

関連情報　トラック荷台用緩衝材

　トラックの荷台、荷室のすき間によって発生する荷崩れや荷の横滑りなどを防止するための、エアバッグなどの緩衝材。ストレッチフィルムを巻くのに時間をかける余裕がない場合などに用いられることが多い。

11 バラ積み貨物をまとめて 積込み時間を短縮したい

難易度 ★★☆

この状況 どうする　取扱量の変化に柔軟に対応したい

　バラ積み貨物が多く、手積みで対応せざるを得ないことから作業時間が長くなりがちである。作業時間の短縮が喫緊の課題となっている。とはいえパレット単位の積み込みに切り替えるのも容易ではない。大ロットとなる出荷日がある一方で、取扱ロットが小さいために段ボール箱単位でしか扱えないアイテムも少なくないからである。日によって取扱量にかなりの差がある。

取扱量が多いから、どうしてもバラ積みになってしまう

効率が悪くて困るなぁ

まずは「半量パレット積み」で積込み時間の短縮を図る

こうすれば
改善できる

8

バラ積み貨物の内容を分析してみると、同一アイテムがパレット積みが可能なほどのロットに達する日があることがわかった。そこで、トラックの荷台部分を手積み対応部分とパレット積み対応部分に分けて、可能な荷のみにレンタルパレットを導入した。積荷の全量をパレット積みするよりは作業時間は長くなるが、半量を目安にパレット積みをすることで、ある程度の効果を上げた。

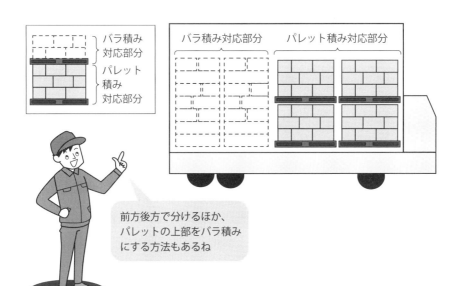

前方後方で分けるほか、パレットの上部をバラ積みにする方法もあるね

改善効果

すべてをバラ積みにするのではなく、可能なアイテムからパレット積みを段階的に導入した。取扱量の半分程度をフォークリフト荷役で積込めるようになり、積込み、積卸しの作業時間は従来比で30%ほど削減された。その結果、トラックドライバーや倉庫側作業者の負担を大きく軽減した。なお、レンタルパレットを導入し、納品先のパレットの回収もスムーズにできるようになった。

改善の コツ　レンタルパレットの導入で手積み負担を軽減

▶ 改善の流れ

　日次レベルでのアイテムごとの出荷量を把握し、量の多いアイテムから順にパレット単位の出荷に切り替える。トラックの荷台にはドライバー席に近い前方をパレット積み対応部分、リアドアに近い部分をバラ積み対応部分にするなど、荷姿に応じた積込みを行い、必要に応じてストレッチフィルムなども活用する。パレット積みの上部にバラ積みを載せることもある。空パレットはレンタルパレット会社の回収デポに返送する。

▶ ここがポイント：部分最適の実現

　パレット積みの完全導入は時間がかかるという場合、まずは部分導入を図り、可能な範囲での最適化を目指す。全体最適を念頭に置きながらも、部分最適を積み重ねる。無論、最終的には全体最適を目指す。

解説

バラ積みとパレット積みのトレードオフ

　荷役生産性の向上を念頭に、バラ積み貨物をパレット積み貨物にシフトする流れが加速している。しかし、その流れが一挙に進んでいくわけではない。多くの企業がパレット積みになかなか舵を切らなかったのは「パレット積みでは積載率が低下する」という理由があった。確かにチャーター便などで「トラックの荷台に荷物を積めるだけ積んだほうが得である」という場合、荷物ではないパレット分、積載率は下がる。バラ積みのほうが、積載率が優るのである。

　しかし、近年の業界の流れでは、バラ積み貨物は荷役分離の観点から評価されなくなってきている。まず、バラ積みの場合、手積み、手卸しとなり、作業が長時間に及ぶ。さらに、手荷役に対してトラックドライバーが労働対価を得られないことも「何時間もただ働きをしている」という状態を作り出してしまっているケースが目についた。そこで法改正で「積込み、積卸しなどの荷役作業は、トラック運賃とは別の料金として対価を支払う必要がある」ことになった。荷主企業がトラックドライバーに対価を払わず長時間労働を強いる時

代は、過去のものとなったのである。

　同時に手積み、手卸しの代わりにパレット積みの貨物をフォークリフト荷役で処理する機械化が推進されることになった。段階的に導入し、将来的にはパレットにRFIDタグを装着したスマートパレット®に切り替え、フォークリフトをAGFと呼ばれる無人搬送フォークリフトに発展させていく選択肢も魅力的である。積載率はバラ積み貨物よりも落ちるが、荷役生産性の向上、労働負荷の大幅な低減という、それをしのぐ大きなメリットが享受できる。

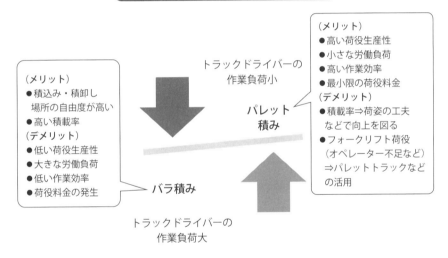

図　バラ積みとパレット積みの条件比較

トラックドライバーの
作業負荷小

パレット積み

（メリット）
●高い荷役生産性
●小さな労働負荷
●高い作業効率
●最小限の荷役料金
（デメリット）
●積載率⇒荷姿の工夫
などで向上を図る
●フォークリフト荷役
（オペレーター不足など）
⇒パレットトラックなど
の活用

（メリット）
●積込み・積卸し
場所の自由度が高い
●高い積載率
（デメリット）
●低い荷役生産性
●大きな労働負荷
●低い作業効率
●荷役料金の発生

バラ積み

トラックドライバーの
作業負荷大

関連情報　**レンタルパレットシステム**

　パレットを自社保有するのではなく、複数社がシェアするレンタルパレットを活用する。必要な量のパレットを必要な量だけレンタルできる。パレット積み貨物の納品後、レンタルパレット会社の回収デポに返送する。

12 パレット上にきちんと段ボール箱を載せたい

難易度 ★☆☆

この状況どうする 段ボール箱の寸法がパレット積みに合わない

　パレット荷役を導入しているが、低い保管効率に悩まされている。現状、T11型、T12型、ビールパレットを併用しており、パレット寸法がまちまちのため自動倉庫に格納できなくなっている。そのため、保管のためにパレットの積替え作業が必要になっている。さらに、運ぶ荷物に合わせたフォークリフトの爪幅の調整を頻繁に行っており、作業時間の長時間化につながっている。

パレット寸法が違うと、保管や格納がスムーズにいかないな

積荷の積替えにも時間がかかる……

こうすれば改善できる 8

段ボール箱、パレットの寸法を統一、適正化

　パレットのサイズを統一してもその上に載せる段ボール箱のサイズがバラバラでは、オーバーハングを起こしてしまう。したがって、パレットの底面から段ボール箱などの上物がはみ出さないようにして、可能な限りパレット積載率を高めていく。保管スペースやトラック荷台の有効利用につながり、荷役生産性の向上を実現する。

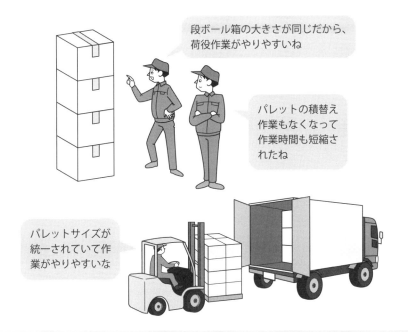

段ボール箱の大きさが同じだから、荷役作業がやりやすいね

パレットの積替え作業もなくなって作業時間も短縮されたね

パレットサイズが統一されていて作業がやりやすいな

改善効果

　パレットサイズを統一したことで、自動倉庫から出し入れするためのパレット積替え作業工程や、フォークリフトの肩幅の調整が不要になり、トータル作業時間が削減できた。荷姿を統一したことで庫内作業全般がやりやすくなった。また、段ボール箱の平面積載率が90％になり、パレタイズ（パレット化）がスムーズになった。トラック荷台の積載率も向上した。

改善の コツ　パレットサイズから段ボール箱サイズを逆算

▶ 改善の流れ

　自動倉庫の格納・保管をスムーズに行うため、国内向けはT11パレットに、輸出向けはI12パレットに統一した。パレット寸法を統一したことで、トラック荷台への積込み作業が簡略化された。また段ボール箱のサイズも、パレットの面積利用率が90%以上となる外装サイズにリニューアルした。パレットへの積付けが円滑になり、保管効率、容積率が向上するように工夫した。

▶ ここがポイント：手荷役数の削減

　段ボール箱の標準化を行い、パレットの平面積載率を向上させる。フォークリフトなどをスムーズに導入でき、結果としてヒューマンエラーを誘発する手荷役数の削減が可能になる。

解説

状況に応じた段ボール箱サイズの導入

　庫内荷役作業の効率化を念頭に手荷役をパレット荷役に切り替えるのは、現場改善の第1歩ともいえる。しかしパレット荷役を導入してもパレット上の外装段ボール箱のサイズが適切でなければ、作業効率は向上しない。パレットの表面積載率の最適化を図り、段ボール箱を設計する必要がある。

　なお、一例として「加工食品分野における外装サイズ標準化ガイドライン」では、T11型パレットの場合、265mm×210mm、T12型パレットの場合、300mm×200mmを底面とすることで面積利用率を90%以上にすることとしている。T11型パレットを例にとると、湿気、圧縮荷重などの影響でパレタイズ貨物が膨らんでも、ハングオーバーを起こさないように奥行き、幅ともに40mmのバッファースペースを確保して、底面積を1060mm×1060mmの範囲に収めるようにする。

　なお、段ボール箱のサイズに「才」をベース用いて効率化を図るという方法もある。1才＝0.0278m³＝8kg、1m³＝35才＝280（kg）であり、4tトラッ

クならば約700〜800才の積載が目安となる。

　ちなみに段ボール箱は積重ねることが多いが、段積みすることで下部の段ボール箱が破損したり、つぶれたりするリスクもある。その対策として強化段ボール箱を活用する。輸出用コンテナ内の貨物を木箱などで梱包すると充填率が落ちるが、通常の段ボールでは箱がつぶれてしまう可能性もある。そこで強化段ボールを導入し、コンテナの充填率を向上させられる。木箱などから強化段ボール箱に代替することで、コスト削減も可能になるのである。

図　パレットサイズに応じた標準寸法

T11 型パレット

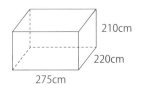

210cm
220cm
275cm

T12 型パレット

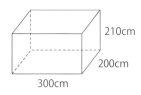

210cm
200cm
300cm

T11 型パレット向けの標準寸法（例）

包装貨物を積付ける最大平面寸法 ⇒ 1060mm×1060mm

パレタイズド貨物の全高
1300mm 以下（大型トラック荷台に2段積みが可能）

外装サイズの標準寸法設定の考え方
T11 型パレットの平面寸法に対しての平面積載率（90%）
長さ（L）×幅（W）×高さ（H）：265mm×210mm×210mm

平面積載率の向上を念頭に
外装サイズを決めよう

関連情報　強化段ボール箱の活用

　強化段ボール箱は木箱や木枠梱包に匹敵する強度を持ち、通常の段ボール箱の6〜10倍の強度がある。木箱よりも軽量かつ低コストでありながら、木箱並みの強度を持つので、輸出用コンテナに導入されることも多い。

13 パレット枚数の確認に時間がかかりすぎる

難易度 ★☆☆

この状況どうする 空パレットの管理を効率的に行いたい

　入出荷エリアなどにデパレタイズ（パレットからの積卸し）を終えた空（から）パレットを高積みすることがあるが、「何枚積み重ねてあるのか」が作業者間で伝わりにくく、枚数の確認が作業のたびに行われている。また、トラック荷台のパレット枚数の確認にも時間がかかることが多い。パレット枚数を可能な限り迅速、正確に把握できるようにしたい。

入出荷バースの壁面や支柱などに、目印となる空パレット枚数高表示をつける

入出荷バースの壁面や支柱などの適所に「ここまでパレット10枚」「パレットの積重ねはここまで」などの指示標識を設けて目安とする。空パレットの高積みに、法的な制限枚数などはない。ただし一つの目安として、作業者の身長以上に積重ねられている場合はそれを明示している現場が多い。ちなみに2m以上の荷を積上げる際には「はい作業主任者」(「はい」は積上げた荷のこと)の資格が必要になる。

空パレット積上げここまで
10枚積上目安

空パレットの積上げは10枚まで、平均的な作業者の身長高までを目安にするといいね

改善効果

空パレットの積上げ枚数がすぐに把握できるようになり、「パレットが足りないかもしれないから数え直しておこう」「何枚あるのかわからないから念のため枚数を再確認しておこう」といったムダな作業が減少した。またパレットの平置き効率も向上した。さらに平積みの安全管理についても、一例として、「10枚を目安に高さを制限する」ことで事故や破損のリスクが低減した。

改善の コツ　一目でわかる「現場の見える化」を実践

▶ 改善の流れ

　空パレットを10枚積上げた位置の支柱に目印となるラインテープを貼ったり、表示板を設置したりする。ラインテープなどの色を変えるのも効果的である。台車やトラックの荷台に目印をつけて、段ボール箱やクレートなどを積み重ねた場合などの許容荷量がわかるようにするなど、空パレット以外にも応用することができる。なお、近年はパレット枚数をスマートフォンで瞬時に把握できる「パレットファインダー」も開発されている。

▶ ここがポイント：トラック車格とパレット枚数

　トラック車格とパレット枚数の関係を把握しておくと作業がスムーズになる。たとえば4トントラック（ロング）にはパレット6枚が積載可能であるということを念頭に置いておく。

解説

パレット枚数管理の徹底

　物流作業における下準備、段取りの部分になるが、パレットや段ボール箱、通い箱などの管理を見直すことで現場の効率も変わってくる。パレットの枚数、段ボール箱の個数などは「たくさんある」というくらいの認識でいると、肝心なときに足りなくなったり、見つからなかったりする。しかし、現場で実際の数量を瞬時に把握するのは難しいことも多い。そのときの工夫として考えられるのは、「数量の見える化」である。

　壁面沿いなどに積重ねるパレットや段ボール箱に高さの目印をつけて、数量を見える化することで、「ここのパレットが10枚ある」「段ボール箱は5段積みになっているんだな」といった数値化が即座に行われる。

　現場における数量把握が難しいのは、保管場所などで数量を把握したうえで管理されていても、運搬したり、容器などに入れたりすることで数量がわからなくなってしまうことが少なくないからである。

　たとえば、バラからケース、台車、パレット、かご車といった具合に、物流

センターにおける数量管理の単位はプロセスごとに変わっていく。したがって、その単位、容器単位に数量を把握しておくことが重要となる。そこで現場の要所に目盛りや目印、標識をつけることによって見える化を実現するのである。

なお、パレットなどをしっかりと個数管理を行うことは作業効率の向上や現場改善のみならず、安全管理の視点からも効果は大きく、紛失や事故が未然に防がれることにもなる。仮置き場に目印をつけることで、紛失や破損、数量不足にも敏感に反応できるようになるのである。

図　数量の見える化

数量の見える化

| パレットや段ボール箱、通い箱などの数量管理 |

| 積重ねるパレットや段ボール箱の高さを示す標識・目印などの設置 |

| ●現場改善・作業効率の向上
●紛失や事故の防止 |

作業プロセスの中で数が分からなくなってしまう

物流センターにおける数量管理の単位はプロセスごとに変化

数が一目でわかるようになって、効率が上がった

関連情報　パレットファインダーの活用

スマートフォンなどのカメラ機能を用いて、平積みされているパレットを撮影することで、積重ねられている枚数を把握できる。庫内やトラックの荷台などの空パレット枚数の確認に使われる。

14 返却・廃棄パレットの扱いを きちんとしたい

難易度 ★★☆

この状況 どうする パレット返却置き場が乱雑で作業効率にも影響

　平パレットの専用の返却・廃棄の置き場を設けたが、作業者によって置き方がばらばらで、きちんと平積みできていなかったり、立てたまま置かれていたりしている。パレットの取り出しに時間がかかり、それが遠因となって、運搬効率や作業効率が低下している。パレット置き場だけではなく、台車置き場についても同じような問題を抱えている。

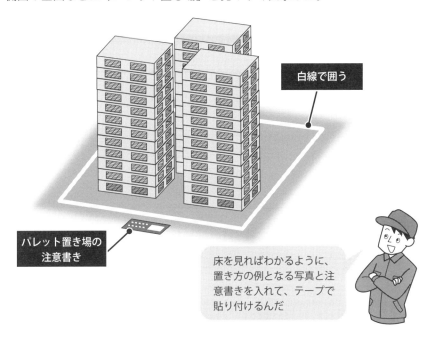

こうすれば改善できる ⑧ 返却に際しての参考画像と注意書きを床面に貼り付ける

　該当スペースを白線で囲み、その手前の床面に置き方の見本となる参考画像を載せた説明ボード貼り付けた。①区画内にきちんと置くこと、②平積みは10枚まで、③パレットはサイズ別、顧客別などにまとめる、④縦置きは禁止、といった置き方の基本的なポイントを箇条書きで添えた。また、ラックの側面や壁面などに「パレット置き場」と見やすく表示した。

白線で囲う

パレット置き場の注意書き

床を見ればわかるように、置き方の例となる写真と注意書きを入れて、テープで貼り付けるんだ

改善効果

　パレット返却作業を初めて行う作業者でも、返却場所の白線枠手前で床面を見れば、「パレットをどのように置けばよいのか」「どのような点に注意すればよいのか」がその場で理解できるようになった。パレットがバランス悪く置かれていたり、立てられて返却場所に置かれていたりすることがなくなり、パレットの管理が簡略化され、作業効率も向上した。

改善の コツ 　床面を活用して見本・手順などを共有

▶ 改善の流れ

パレットなどの返却場所を決め、その周囲を白線などで囲むことでスペースを明示する。また、その場所が仮置き場であることも、のれん表示しておく。次にそのスペースの手前の床面にビニール加工した模造紙を貼り付け、見本画像、注意事項などを大きく、わかりやすく説明しておく。パレット返却場所に留まらず、台車やフォークリフト、通い箱など、応用範囲は広い。

▶ ここがポイント：手順書・マニュアルの見える化

手順書やマニュアルを作っても、庫内で作業者が手に取りながら作業をするわけにはいかない。そこで床面を活用して、初めてその作業をする人でもわかるように段取りのポイントを明示しておく。

解説

パレット管理の原則

パレットは顧客別、サイズ別にしっかり管理しておきたいところである。しかし、庫内外での取り扱い数が多いことから乱雑な扱いとなり、それがオペレーションの効率化の障壁になることも少なくない。したがって、パレット管理の巧拙が倉庫管理の肝となる。

返却後の空パレットの管理も重要になってくる。パレットは荷物を載せる場合には「最大積載量以上の荷物を載せない」という原則があるが、空パレットの置き場についても安全面や指定荷重の観点から片寄り積みや集中荷重は避けたい。凹凸が激しい傾斜面などに平置き保管はしないようにする。また、保管に際して壁面などに立て掛けないようにする。

返却に際して、汚れが付着していたり、ひび割れ、著しい変形などを伴う破損が発生したりしていないかなどをチェックしておきたい。また、パレットを引きずって運搬してはいけない。パレットに書き込みをしたり、紙やシールなどを貼り付けたりすることもオペレーションに支障が出るリスクがあるので避けたい。

　なお、木製パレットを取り扱う場合、木材部分にトゲがある可能性もあるので作業用手袋などを使用するのが望ましい。プラスチック製の場合は雨天での海外運搬などの場合、手運搬や手作業の際にパレットを持つ手が滑ることがあるので注意する。また、木製、プラスチック製ともに火気に隣接するエリアなどには保管しないようにする。

　取り扱いをしっかりしないと事故につながる事態が発生することもある。安全面に配慮しながらも、返却後、オペレーションへの再投入を円滑に行えるように管理しておくことが重要である。

図　パレット管理のポイント

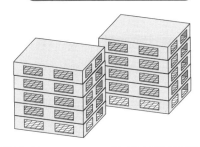

空パレットの保管	空パレットの状態
●片寄り積みをしない ●傾斜面などに平置き保管しない ●壁面などに立てかけない ●火気のあるところで保管しない	●汚れの付着の確認 ●ひび割れの確認 ●著しい変形を伴う破損の確認

空パレットの取り扱い	空パレットの取り扱い
●作業用手袋などの使用 ●濡れた手での運搬や 　取り扱いに注意する	●引きずり運搬の禁止 ●パレットへの不要な書きこみの禁止 ●紙シールなどの貼付の禁止

関連情報　**ネステナーの設置**

　ネステナー（ネスティングラック）でパレット単位の荷物を積重ねることが可能である。設置場所は自由で、移動、組替えも簡単にできる。固定ラックが置きにくいスペースを有効活用でき、撤去も簡単である。

ハンディターミナルの導入

　出荷検品を目視でおこなっている物流現場は少なくない。パート、アルバイトの作業者の人力に頼らざるをえないわけである。したがって「パート、アルバイトがどれくらい検品作業に精通しているか」も物流現場の生産性に影響する。

　しかしそれでは「ベテラン作業者が休んでしまった」「新しく入ったパートだけで検品作業をこなさなければならない」といった状況に直面した場合に、混乱やトラブルを引き起こすリスクもある。作業効率が大きく低下してしまう恐れがある。また不慣れなパート作業者がミスをすることも少なからず出てくる。熟練者と初心者の処理力にも大きな差が生じている現場では、ベテランの作業者が休んでしまった場合、作業効率が大きく落ちることになるだろう。

　誤出荷が頻繁に発生すれば、取引先にも多大な迷惑をかけることになる。そのミスが起きないように万全の注意を払おうとすれば、ピッキング、検品作業などを多めの作業者でこなすことになる。煩雑な手作業、手記入では処理量が大きくなった場合、作業に莫大な時間がかかることになる。

　そこで物流コスト削減を念頭にピッキング、検品作業の効率化を進める有力策として浮上するのが無線ハンディターミナルの導入である。ある程度以上の規模の工場や物流センターにおける検品作業、ピッキング作業を効率化する手段として、無線ハンディターミナルの導入は欠かせない。ピッキングや検品の作業ミスを最小化し、作業に不慣れな非熟練者でも正確で迅速なピッキング、検品作業が可能になる。ハンディターミナルの導入で、作業標準化がよりスムーズに推進できる土台も出来上がるといえるだろう。

物流現場の
しくみを改善

視点を変えて効率化を実現！

15 フォークリフト荷役の作業負担を小さくしたい

難易度 ★☆☆

この状況どうする 空運行で稼働率が低い状態を改善したい

固定ラックから取り出したケース単位の品物をパレットに積付けて、フォークリフトで運搬している。だがパレットへの積付けに時間がかかることに加えて、当該貨物の出荷量が減少傾向にあるため、フォークリフトの稼働率が低く、空運行も目立つ。メンテナンスにかかるコスト負担も小さくない。荷量の減少にあわせた、よりスリムなピッキング、出荷体制に改善したい。

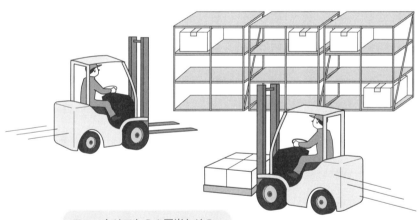

フォークリフトの1回当たりの運搬量が少ないし、オペレーターも余ってるんだよね

荷物を載せないで庫内を巡回している空運行のフォークリフトもあるね

こうすれば改善できる

フォークリフトの台数を最小化し、空運行禁止を徹底し、かご車運搬も導入する

フォークリフトの稼働率を見極め、台数は最小限に留め、大ロットでの出荷を中小ロットに切り替えた。あわせて荷物を積載せずに庫内を巡回しているだけの空運行は禁止し、庫内に「空運行禁止」の大きな注意書きを貼り出した。また、中小ロットのアイテムや、ロットは大きくても出荷頻度の低いアイテムなどはかご車運搬に切り替えて、小回りの利くオペレーションを実現した。

フォークリフト
空運行禁止

フォークリフトから
かご車に切り替えて、
小回りが利くように
なったよ

庫内に「空運行禁止」
のカンバンを出すの
も効果的

改善効果

フォークリフトからかご車に切り替えたことで、小ロットのアイテムをムリに混載してフォークリフトで運搬することがなくなった。また、空運行禁止の周知を徹底したことで、フォークリフトが「庫内を貨物を運ばないで巡回しているだけ」といったこともなくなった。フォークリフトへの貨物の積付け、運搬作業後の所定場所への返却作業やメンテナンスの手間が大幅に削減された。

改善の コツ　庫内運搬機器の特性を念頭に適正化を実現

▶ **改善の流れ**

　フォークリフトの稼働状況をチェック、空運行が多いことを把握し、「空運行禁止」のカンバンを出して、注意を徹底した。ついで、出荷ロットを調整し、稼働率の低いフォークリフトをかご車に切り替えた。かご車に切り替えたことでフォークリフトの移動にかかる手間が解消され、臨機応変に荷物が運べるようになった。

▶ **ここがポイント：運搬方式の選定**

　庫内の荷動き、荷量の特性を把握したうえで、運搬方式を決めていく必要がある。フォークリフト荷役ならば同一アイテムの大ロットの出荷には適しているが、多品種の中小ロットならかご車や台車で対応できる。

解説

　かご車（ロールボックスパレット、カーゴテナー）とは庫内、店舗内などの運搬、搬送に用いられる格子状、あるいはかご状の運搬用台車である。かご車を手で押して荷物を運搬できることから、出入荷作業などの手作業の負担を大幅に削減できる。かご車は小回りが必要な運搬作業で重要な役割を担っている。

　物流現場でかご車が多用されるのはその導入と活用がフォークリフト、ハンドパレットなどに比べて容易で活用の幅が広いからでもある。台車は免許や特別な講習などは必要なく、作業者ならばだれでも使用できる。フォークリフトなどに比べれば低コストで簡単に導入できる。

　かご車には台車の機能とパレットの機能が組み込まれている。台車機能としてはかご状の荷台の下に車輪がついているので、積載した貨物をあらためて台車などに積替えることなく運搬できる。

　パレット機能としては、かご状の荷台に貨物を置くことが可能で、貨物の荷姿にばらつきがあり荷崩れの恐れがあっても、パレットサポータなどなしに荷物を運べることがあげられる。車輪にはストッパーがついているので、仮置きなどにも対応できる。

　折りたたみ機能もあり、使用しないかご車を折りたたみ、小スペースに収納、保管することが可能である。パレット納品が難しい環境でも、かご車を用いることで納品が可能である。

　なお、かご車は使用しない際には重ねておくことが可能だが、重ねて運搬する場合に運搬者が倒れて労災事故などになったケースも報告されている。そのため「空かご車は重ねて運ばない」「どうしても重ねて運ぶ場合には3枚までなどの制限を設ける」といった安全基準を定めておく必要もある。

図　かご車の機能

	台車機能
かご車	パレット機能
	折り畳み機能

関連情報　**テールゲートリフタ**

　テールゲートリフタとは、トラック車両の後部に装着して使用する昇降機の一種である。荷積み、荷卸しを動力で行う。かご台車などの昇降が容易になる。フォークリフトが活用できない納品先での作業に使う。

16 固定ラックを導入して平積みを減らしたい

難易度 ★★★

この状況どうする 出荷検品と梱包作業の連携が悪い

庫内に平積みの品物があふれていたため、固定ラックを導入して庫内を整理した。当初こそ整理整頓が行き届いていたものの、出荷量が増えたこともあり、再び平積みが通路に増えてきてしまった。また固定ラックの通路が長く、ピッキング作業に時間がかかっている。庫内レイアウト全体を見直して、平積み、仮置きの削減を図る必要がある。

仮置き荷物（通路に高積み）

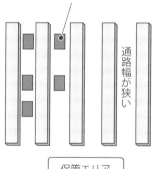

通路幅が狭い

仮置きスペース（平置き）

流通加工エリア

保管エリア

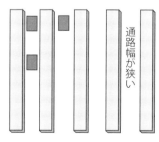

通路幅が狭い

検品エリア

仮置きスペース（平置き）

通路に高積みされた貨物があるね。ピッキング作業にも時間がかかる……

こうすれば改善できる 8

固定ラックだけではなく、出荷頻度を念頭に移動ラックと仮設中二階を導入する

　固定ラックを出荷頻度を考慮して再配置した。あわせて中低頻度品を移動ラックに移し、中頻度出荷品については出荷エリアの比較的近く、低頻度出荷品については遠くにそれぞれ保管し、効率的な出荷を可能にした。なお、不動在庫は可能な限り処分した。さらにメザニン（中二階）タイプのパレットステージ（仮設中二階）を設置し、通路などにあった仮置き貨物の一部を移した。

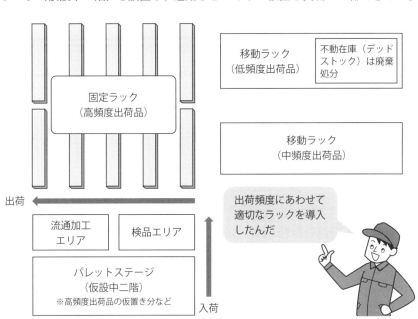

改善効果

　保管エリアのロケーションを変更したことで、ピッキングの作業時間が短縮され、作業者数も他の作業に移すことが可能になった。中低頻度の保管は移動ラックに移し、パレットステージを設置したことで保管効率は大きく向上し、保管エリアの通路などの高積みは解消された。また不動在庫を処分したことで保管スペースに余裕ができた。

改善の
コツ

出荷頻度に合わせたラック選択と保管エリアの効率的なレイアウトの設計

▶ 改善の流れ

　高頻度出荷品、中頻度出荷品、低頻度出荷品、不動在庫に出荷特性を分類するABC分析を行い、それをベースに、固定ラック（高頻度出荷品）、パレットステージ（高頻度出荷品）、移動ラック手前（中頻度出荷品）、移動ラック奥（低頻度出荷品）を出荷特性に合わせて設置した。通路幅はより広めの適正幅に設定し直し、仮置きを排除した。流通加工エリア、検品エリアの位置はラックのレイアウトの変更により調整された。

▶ ここがポイント：移動ラックの導入

　移動ラックを導入することで、出庫に際して移動レール上で保管棚をスライドさせるため保管効率は向上する。その反面、棚の移動とピッキングに時間がかかるため、高頻度出荷品には適さない。

解説

　物流センターなどで適正な保管を実践するためには、ラックを適切に活用することがきわめて重要である。固定ラックを設置する場合は、保管エリアの有効梁下高さ（一般的な物流倉庫では5〜6m）と貨物を保管するラックの最上段の高さの差が可能な限り小さくなるようにする。天井とラックの最上段の間にムダな空間がなるべく生じないようにする。それによって保管効率を高める。

　固定ラックなどの設置にあたっては入出庫に際して大きく揺れたり、歪みやガタツキが生じたりすることがないように注意する。歪んでいる場合、レイアウトを変更しても組み立て直すことが難しくなる。

　平屋倉庫の場合は固定ラックにパレットで四段積み、多層階の場合は三段積みが効率的である。また、天井が低い場合には各段の高さを工夫する必要がある。たとえば、倉庫の有効高さが5mしかないならば、出荷量の多い貨物は2m程度とし、残りの2段を1.1〜1.5mとすれば効率的な3段積みにできる。物流センターの自動化の流れが加速していることから、比較的低めの天井が採

用されるケースも出てきている。

　また、ラックの実在庫状況を常にチェックし、貨物が保管されていない「歯抜け」のラック間口が発生していないか、入念に注意する必要もある。貨物の実在庫以上に各貨物のラック間口を大きく取ればスペースのムダ使いとなる。

　ラックの設置にあたっては入出庫に際してラックが大きく揺れたり、ラックに歪みやガタツキが生じたりすることがないように、十分注意する必要がある。

図　ラックの種類と特性

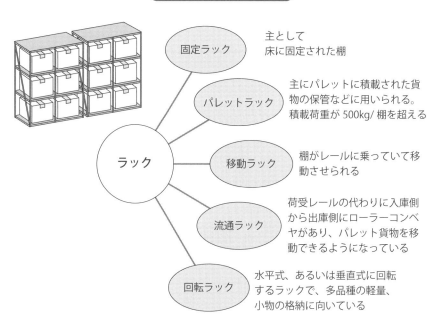

- 固定ラック：主として床に固定された棚
- パレットラック：主にパレットに積載された貨物の保管などに用いられる。積載荷重が 500kg/ 棚を超える
- 移動ラック：棚がレールに乗っていて移動させられる
- 流通ラック：荷受レールの代わりに入庫側から出庫側にローラーコンベヤがあり、パレット貨物を移動できるようになっている
- 回転ラック：水平式、あるいは垂直式に回転するラックで、多品種の軽量、小物の格納に向いている

関連情報　　移動ラック（モービルストレージラック）

　棚がレールに乗っていて移動できるラック。保管面積が小さくても、多くのラックを設置できるので、保管効率を高める必要がある工場倉庫、物流倉庫に導入される。入出庫時にラックを移動させることができる。

店舗納品にかかる荷卸し時間を短縮したい

難易度 ★☆☆

この状況どうする 手荷役を解消して効率化を図りたい

　国内工場からの直送で店舗への納品を行っている。段ボール箱での大ロット納品であるため、長時間作業の回避の視点から手卸しではなく、トラックの積載率が落ちてもパレット荷役で対応したい。しかし納品先の搬入スペースが狭く、フォークリフトを活用できない。店舗納品をフォークリフトで対応できないため、出荷元の工場で段ボール箱の手積み作業に時間がかかっている。

営業所

搬入スペースが狭い

段ボール箱単位の出荷だから、積込みに時間がかかる

手卸しで台車で搬入しているから時間がかかる

こうすれば改善できる

8

ハンドリフトの導入で納品プロセスを効率化

　納品先の搬入スペースが狭いことからフォークリフト荷役をあきらめていたが、パワーアシスト式の手動のハンドリフトに加えて電動ローリフトを導入することで、段ボール箱をストレッチフィルムで巻いて積付けたパレット単位での納品が可能になった。軽量、コンパクトであることから、フォークリフトでは難しい狭い搬入通路の運搬がスムーズにできる。

フォークリフトの導入　　　　ハンドリフトの導入

フォークリフト荷役
に切り替えたよ

ハンドリフトを使えば、
狭い搬入スペースでもパレット
単位の納品ができるね

改善効果

　工場の出荷作業がパレット単位になったことで出荷処理にかかる作業時間、作業者数、積込み作業時間などが大幅に削減された。また納品先での荷卸しが手作業からハンドリフトに切り替わったことで、納品時間も大きく削減された。さらに複数の営業所を巡回して納品する場合、各納品先での滞店舗が短縮され、運行計画を策定しやすくなった。

改善の コツ　搬入スペースに合わせた運搬機器を導入

▶ 改善の流れ

　出荷量をアイテム別、納品先別に集計、分析したうえで、ハンドリフトの導入先を決める。工場側のプロセスとしては、流通加工を経て梱包された段ボール箱をパレットに積付け、フォークリフトで荷捌き、積込み作業を行う。ついでトラックによる配送を経て、営業所・店舗向けに納品される。納品先での着荷後は、ハンドリフトを用いて、バックヤードまでの搬入作業を行う。ハンドリフトの保管場所は納品先の小スペースを活用する。

▶ ここがポイント：ハンドリフトの運搬と管理

　ハンドリフトの運搬では必要に応じてコンクリートパネルや鉄板を通行路に敷き、円滑に運べるようにする。ハンドリフトの静止については十分な確認を行うようにする。置き場所を決めて必ずそこに戻すことにする。

解説

ハンドリフトによる運搬効率化

　ハンドリフトの導入でフォークリフト荷役の代替が可能になる。倉庫作業においてフォークリフト運転技能講習の修了者が少なかったり、必要な人員を確保できなかったりしても、ハンドリフトならば庫内作業者はだれでも台車と同じように使用できる。またフォークリフトではできない細かなパレット荷役にも対応できる。「フォークリフト運転技能講習」を修了した者でなくとも操作できるのである。加えて、フォークリフトでは作業できない狭いスペースにも正確に、貨物を載せたパレットを配置できるという長所もある。

　なお、積載貨物は必要に応じてストレッチフィルムなどを用いて、荷姿を固定しておくとよい。これはフォークリフトによる運搬の際と同じである。

　近年はパーキングブレーキ機能が搭載されていたり、パワーアシスト機能が備わっていたりするタイプも出てきている。また、パレットの抜き差しの際に発生する独特の騒音を低下させたり、前後左右の４方向に移動できるようにしたりと、抜き差し自体をよりスムーズにするための工夫なども進んできた。

もちろん手動であるため、フォークリフトに比べれば運べる荷物の重量などに限界がある。現場作業における移動距離についても比較的、短距離向きということになる。手作業でハンドリフトの爪をパレットに差し込むが、状況によっては容易に爪を挿入できないこともある。またフォークリフトに比べて作業時間がかかることは否定できない。その点についても十分に留意しておく必要はある。

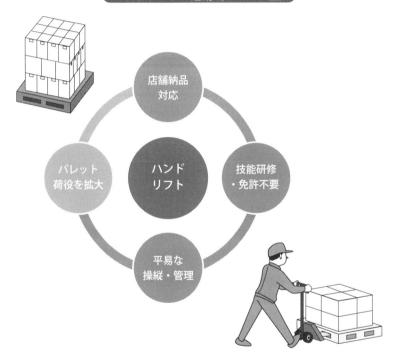

ハンドリフトの活用（イメージ図）

店舗納品対応

パレット荷役を拡大

ハンドリフト

技能研修・免許不要

平易な操縦・管理

関連情報　パレットサポータの活用

　パレットサポータを用いればパレット単位での保管環境を確保できる。平置きしていたパレットにパレットサポータをそのまま取り付け、補助金具なども活用すれば、2段積み、3段積みも可能で保管効率向上に役立つ。

18 小回りの利く物流センターを運営したい

難易度 ★★☆

この状況どうする 出荷作業が特定のアイテムに集中している

　多様な需要に応えるために幅広いアイテムを取り揃えているが、一部顧客のアイテムに出荷依頼が集まっている。そのためセンター業務は慢性的な人手不足に悩まされ、作業者の残業時間も増えている。ただしパーツセンターの出荷全般については安定した出荷量が見込まれており、取り扱うアイテム数や在庫総量は増えている。センターの効率化を図り、出荷量の平準化を実現したい。

特定顧客のアイテムに出荷依頼が集中して、アイテム間の出荷量の差が大きくなっているなあ……

バッファー倉庫を設けて特定アイテムの出荷に対応し、在庫量の平準化を実現する

ABC分析を行い、出荷頻度の高いアイテムを中心として、納品先に近いロケーションにバッファー倉庫を設け、出荷体制を再構築した。バッファー倉庫は高頻度出荷品の対応に注力する。高頻度出荷品のアイテム数を減らすことで本センターのアイテム別出荷量の平準化を図る。適宜、本センターからバッファー倉庫に高頻度出荷品の在庫補充を行う。

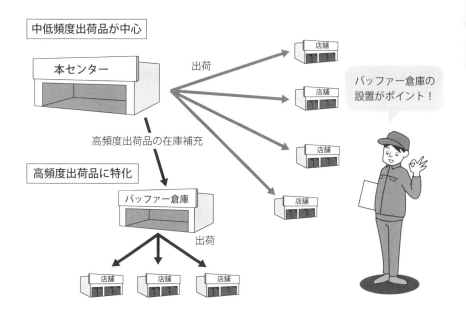

中低頻度出荷品が中心

本センター

出荷

バッファー倉庫の設置がポイント！

高頻度出荷品の在庫補充

高頻度出荷品に特化

バッファー倉庫

出荷

店舗

改善効果

高頻度出荷品をバッファー倉庫に移したことで、それまで負担となっていた本センターのアイテム別出荷量のバラつきなどは平準化され、オペレーションの過剰な作業量や作業者の過度な残業は解消された。他方、バッファー倉庫が高頻度出荷品を中心に迅速な出荷が可能となったことで、出荷依頼が増加傾向にあったアイテムも余裕をもって対応できた。

改善の コツ 高頻度出荷品の独自のオペレーションを展開

▶ 改善の流れ

バッファー倉庫を納品先に近いロケーションに設置した。バッファー倉庫の在庫は高頻度出荷品を中心とする。本センターは出荷量が平準化されたことを受けて、作業手順などの標準化を進めて、作業時間、作業人数の削減を実現し、コスト削減を実現した。バッファー倉庫への高頻度出荷品の補充は本センターを経由して適宜、行うことにする。

▶ ここがポイント：拠点戦略の選択

分散した拠点を集約することで在庫圧縮を図るか、拡大し過ぎた拠点の在庫を分散することでオペレーションの効率化を進めるか、拠点戦略は状況に応じてどちらかを選択することになる。

解説

バッファー倉庫の設置

ネット通販（EC）における在庫拠点であるフルフィルメントセンター（FC）は消費地に近い立地で大型化の一途をたどってきた。しかし、ロングテール（すき間商品群）の在庫増加を抱えつつ、高頻度出荷品の迅速な対応がセンター運営の負担となってきたことから、消費地に直結した大都市内などにバッファー（緩衝）倉庫であるマイクロフルフィルメント（MFC）を設けて対応する事例が増えている。

一般に複数の在庫拠点を集約し、大型の物流拠点で在庫の一括管理を行えば、トータル在庫、トータルコストの大幅な削減が期待できる。

加えて、拠点集約に際して、新しい情報システムやマテハン機器などの導入を行うと、ロジスティクスオペレーションの刷新を図ることができます。あわせて「効率的なオペレーションを推進できる最適立地となっているかどうか」という判断、分析も以前よりも一層、緻密に行われるようになってきている。

他方、EC物流におけるMFCに象徴されるように、集約されている在庫拠点にかかる大きなオペレーションの負担を解消するには、在庫の最適分散が必

要な場合もある。ヤミクモに在庫を分散させるのではなく、ABC 分析を行い、方面別、顧客別などから頻度ごとの出荷状況を見定める。それぞれの在庫レベルを策定したうえで、拠点を分散させていくのである。拠点分散にあわせてミルクラン（巡回配送・集荷）システムを導入するうえで、輸配送ネットワークの効率化を推進している事例も見受けられる。

図　製造業における拠点分散によるバッファー倉庫のイメージ

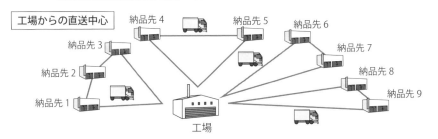

工場からの直送中心

ミルクランシステムを導入したうえで、高頻度出荷品については横持ち輸送を行い、在庫分散を図り、物流作業を平準化する

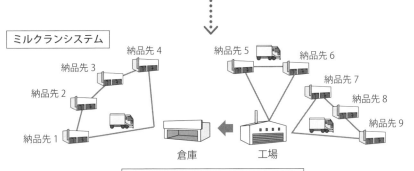

ミルクランシステム

大ロット横持ち輸送（高頻度出荷品）

関連情報　物流団地（流通業務団地）

　流通業務市街地整備法では「大都市における流通機能の向上及び道路交通の円滑化を図るため、幹線道路、鉄道等の交通施設の整備に照らして流通と業務市街地して整備することが適当であると認められる区域について都市計画に定めた地区」と定められている。

19 冷蔵倉庫内の作業効率をもっと向上させたい

難易度 ★☆☆

この状況どうする 冷蔵倉庫内で作業時間が長くなっている

冷蔵倉庫で保管エリアから商品をピッキングし、庫内のコンベヤに流して出荷している。ただし、出荷量の増加もあり、ピッキング作業が長時間化している。1時間に10分の休憩を設けて作業者の体調に配慮しているものの、冷蔵倉庫での長時間の作業は健康面での負担も大きくなるのでできるかぎり避けたい。冷蔵倉庫内のレイアウトを改善して作業効率を向上させたい。

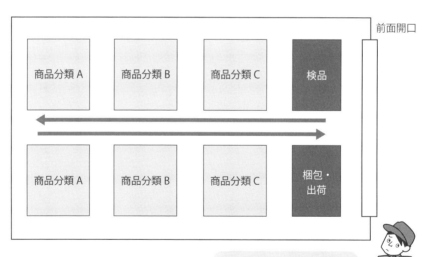

作業者の身体にかかる負担を考えて、庫内レイアウトを改善したい

こうすれば改善できる 8

出荷頻度別にロケーションを変更して、前面開口付近で迅速な出荷処理を行う

　出荷頻度別にロケーションを変更したうえで、ダブルトランザクション（複数処理）方式を採用した。庫内ロケーションは出荷頻度別に再編成し、後方を保管エリア、手前に出荷用在庫エリアとして、双方の間に補充ラインを設け、出荷用在庫からのピッキング量の最小化を図った。複数の流動ラックを設置し、出荷処理の迅速化を実現した。

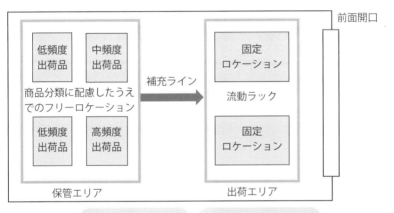

補充作業は必要最小限として、出荷用在庫に過不足がないようにしたいね

保管エリアと出荷エリアを分けたことで最小化された作業量、作業時間で庫内作業ができるようになったね

（参考特許：特開2009-222336
「ピッキング用冷凍冷蔵倉庫及び冷凍冷蔵ピッキングシステム」）

改善効果

　庫内後方の保管エリア、庫内手前に出荷作業エリアを設定した。作業者の休憩や入れ替えにも十分に対応できるようになり、長時間労働の負担が軽減された。その結果、ヒューマンエラーのリスクも減少したと考えられる。ダブルトランザクション方式の導入でピッキング、出荷作業の簡略化が実現でき、作業者数、作業時間も低減できた。

改善の
コツ

保管と出荷の混在環境を改善

▶ 改善の流れ

　ABC分析を行い、出荷頻度別に保管エリアのロケーションを再構築する。ついで前面開口に近いゾーンに出荷エリアも出荷頻度をベースに造設し、あわせて移動ラックを導入する。そのうえで保管エリアと出荷エリアをつなぐ補充ラインを設置する。なお保管エリアと出荷エリアの作業者の動線が交差することがないように、双方のエリア区分を明確化しておく。出荷エリアでは流通加工、梱包、出荷検品作業を行えるように検品台を設置する。

▶ ここがポイント：補充ラインの作業

　補充ラインの作業は最小限とすることで日次出荷量を確保する。円滑な作業プロセスを確立しておかないと補充不足につながり、出荷遅れを誘発するので、常に出荷エリアの在庫量を確認しておく必要がある。

解説

ダブルトランザクション

　ダブルトランザクションを円滑に機能させるためには、それぞれのエリアの役割を定義しておく必要がある。

　保管エリアでは保管効率を重視したフリーロケーションが採用されることが多く、ケース単位やパレット単位など大ロットでの保管が中心となることが多い。また固定ラックのほかに移動ラックや回転ラックを用いることも多い。

　他方、出荷エリアでは出荷頻度に配慮した固定ロケーションが採用されることが多く、予想される日次出荷量を下回らないように保管エリアから補充ラインを経て、在庫補充を行う。補充ラインを設けることでピッキング動線は短縮され、作業効率が向上する効果が得られる。また出荷エリアの通路幅や作業スペースを広くとれるようになることで作業者の移動、動線はスムーズになる。

　ただし、大ロット単位で出庫頻度の低い倉庫では、保管エリアと出荷エリアで二重に在庫を持つことが負担となってしまう。

　また、本項の事例のように庫内の後方を保管エリア、前方を出荷エリアとい

うかたちにわけるのでなく、パレットラックの上下で、たとえば上段をストックゾーン、下段を出荷ゾーンとすることもできる。下段からフォークリフトでピッキングして出荷し、上段に補充用在庫を保管しておく。

なお、ノリーロケーション、固定ロケーションの双方ともに保管効率や作業効率を重視しつつも、ABC分析に基づいた出荷頻度を優先した運用が効果的といえる。

ちなみに保管エリアと出荷エリアを結ぶ補充ラインの動線は、AGV（無人搬送車）などを活用することで自動化するという選択肢もある。

図　ダブルトランザクションのしくみ

保管エリア	出荷エリア	ダブルトランザクション
●保管効率を重視したフリーロケーション ●ケース単位やパレット単位など大ロットでの保管 ●固定ラックのほかに移動ラックや回転ラックも設置	●出荷頻度に配慮した固定ロケーション ●保管エリアから補充ラインを経て在庫補充 ●ピッキング動線の短縮及び作業効率向上の効果・出荷エリアの通路幅、作業スペースの拡張 ●作業者の移動、作業動線の円滑化	●保管エリアと出荷エリアによる二重の在庫負担リスク ●庫内の後方・前方やパレットラックの上下にとる区分 ●保管効率や作業効率を重視しつつ、出荷頻度を優先した運用

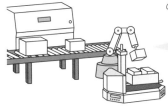

AGVによる補充ラインの構築も検討！

関連情報　ストレッチフィルムの活用

　冷蔵冷凍倉庫の結露の発生から貨物を守るために、ストレッチフィルムをパレット搭載貨物に巻き付けておくのが効果的である。倉庫開口部を開放して換気を徹底したり、除湿シート、除湿剤などを活用するのも一策である。

20 多頻度小口の出荷体制で同梱同送を徹底したい

難易度 ★★☆

この状況どうする ヒューマンエラーが発生し、同梱漏れが続いている

　小ロット中心でアイテム数が多いパーツセンターからの出荷で、同梱同送がとても多い。ただし、同梱漏れも多く、クレームが増えている。情報システム上はWMS（倉庫管理システム）の同梱設定で、受注履歴をもとに出荷指示にあわせて同梱物の指示が出る。同梱物の有無や点数、アイテムなどはわかるようになっているが、現場作業者によるヒューマンエラーが発生している。

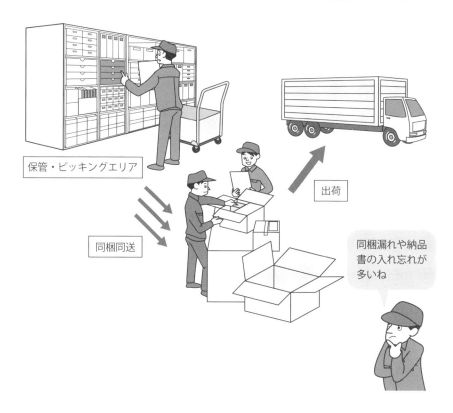

保管・ピッキングエリア

出荷

同梱同送

同梱漏れや納品書の入れ忘れが多いね

こうすれば改善できる

同梱同送のルールと同梱物のチェックリストを作成し、納品書一体型伝票を導入する

　同梱同送の出荷についてのルールと同梱物のチェックリストを作成し、同梱物、個数、状態、条件などを確認できるようにした。同梱物の個数から段ボール箱の大きさを選べるようにした。さらに納品書一体型伝票を導入し、納品書の入れ忘れが発生しないしくみ作りを行った。

同梱物リスト（例）

同梱物リスト					
梱包物番号	品目	数量	納期	納品先	納品書の有無	チェック欄
1	A					
2	B					
3	C					
4	D					
5	E					
⋮	⋮					

同梱物リストを作成して、基本的な同梱パターンは作業者間で共有できるようにしておくといいね

納品書一体型伝票は、大手宅配便会社などのシステムを導入することで、比較的安価に効率化を進められるよ

納品書一体型伝票（例）

0-000			納品書		
			ご利用明細		
		型番	商品名	価格	数量
	＊＊＊＊＊＊	AA001	○○○○○○○	1,000	2
	＊＊＊＊＊＊	AA004	○○○○○○○	500	10

送り状（住所）

入金票（支払先）

改善効果

　「同梱物の数量に合った段ボール箱のサイズを選択する」「過度な同梱はしない」「同梱同送が繰り返し行われるパターンについては現場で使えるチェックリストを作成する」などのルール作りを行ったところ、現場での同梱同送に対する意識が高まり、ヒューマンエラーが減少した。納品書一体型伝票の導入で納品書の入れ忘れのミスがなくなり、作業者の精神的負担、プレッシャーが減少した。

改善の コツ　納品書一体型伝票の導入で出荷作業を簡略化

▶ 改善の流れ

同梱同送に関するルール作りを行い、許容される同梱の数量や総量の同梱物チェックリストを作成する。頻出するパターンを中心に同梱物のチェックを行い、梱包漏れや過度な同梱がないように注意する、同時に納品書一体型伝票を導入し、梱包における納品書の入れ忘れのミスなどのリスクを解消する。

▶ ここがポイント：納品書一体型伝票

配送伝票と納品書が一体となった伝票でピッキングリスト、請求書なども一括して出力、印刷などができる。ピッキングから検品、梱包、配送に至るまでの物流プロセスのオペレーションで活用できる。

解説

工場起点の同梱同送

工場起点の同梱同送は、複数部品の同梱、複数完成品（個装品）の同梱、完成品を構成する一連の部品と本体の同梱（セット梱包）などに分けて考えることができる。

同梱の視点から梱包を考えると、まず同梱方法を工夫する必要がある。中仕切りなども適宜用いる。また、部品本体に付属部品、付属工具などを同梱同送する場合、本体の空間部に付属部品や工具を組み込むようにする。

また、掃除機などのような組立完成品についても「部品をセット梱包する」という考え方になる。一般的には、セット梱包による同梱の方が、完成品の梱包に比べて梱包容積を抑えることが可能になる。

ただし、生産拠点、組立工場への納品については、複数部品を同梱するケースに加え、受注状況にあわせて部品工程で組立工程を済ませた、セット化された複数の部品群が納品されることもある。

また、たとえば、工場で個装された複数のパーツなどを中箱に詰め、さらにその中箱を複数個、大型段ボール箱などに入れて出荷するケースもある。この場合、地域デポなどで中箱単位、個装単位でなかのパーツが出荷されることも

多い。工場起点の同梱には消費材の梱包とは異なるわけである。

さらに、梱包材料や緩衝材、保護材なども梱包物との相性を考えながら選択していく必要がある。梱包作業を簡略化して、長時間化を避けることが望ましい。

なお、梱包と同梱同送における効果については、破損、変形、変質などの防止、荷扱いや保管効率や積載効率の向上、使用後の梱包材の廃棄物処理の円滑化などがあげられる。

図　工場から出荷の同梱同送のポイント

工場

同梱同送		
複数部品	複数完成品	セット梱包

同梱物チェックリストと
納品書一体型伝票を使おう

〔効果〕
- 配送コスト削減・梱包コスト削減
- 工場倉庫のスペース確保
- 工場出荷作業時間の短縮

関連情報　　**緩衝材の活用**

同梱同送をしっかりと行うためには、緩衝材の選択も重要になってくる。緩衝材には「プチプチ」といわれる気泡緩衝材、クラフト紙などの紙緩衝材、空気緩衝材、発泡緩衝材、エアクッションなどがある。

共同物流の導入

　共同物流とは、複数社で共同輸送、共同保管などを行うことである。複数社が共同で輸送、保管などを実施すれば、一社あたりのコストを削減できる。メーカーなどがトラックや物流センターなどを共用し、輸送効率、保管効率などの向上を図る。

　共同物流の導入は、物流コストの削減と環境負荷の低減の双方に効果的である。共同でトラック輸送などを行うことで、物流量の重複が解消されるからである。

　在庫拠点の集約や統廃合を進めれば、総在庫量の減少は実現できるかもしれない。しかし拠点がなくなるためにタイムリーな輸配送ができなくなる危険も出てくる。顧客の注文に迅速な対応ができなくなる恐れもある。それでも、うまく共同物流を導入すれば、他社と物流拠点を共用することでこうしたマイナス点を補うことも可能になる。

　たとえば、東日本と西日本の物流拠点を東日本の一か所に集約する場合、「西日本の顧客サービスは大丈夫なのか」という懸念が出てくるだろう。このとき、「西日本については他社と共同物流を進める」という発想があれば問題は解消できる。他社の西日本の物流センターや配送網を活用できるようにし、同時に東日本の物流拠点や配送網も他社が利用できるようにするのである。そうすることで主要物流拠点の集約とタイムリーな輸配送拠点の維持の両立が可能となる。

　もちろん、こうした共同物流システムを成立させるためには両社の競合関係や取扱品目のバランスなど、複雑な成立条件を満たす必要がある。物流共同化を推進するにあたっては、社内業務、庫内作業の標準化、物流サービス水準の統一、情報システムの統合なども必要となってくる。

　こうした諸条件をクリアしたうえで物流共同化を実現すれば、それによって得られるコストダウン効果もはかりしれないわけである。

物流コストを
もう一度見直す

ムダ、ムラ、ムリを
くり返しチェック

21 タイムリーな納品体制を構築したい

難易度 ★★★

この状況どうする　入荷処理が遅れて入庫作業に手間取っている

入荷量が増えており、その影響で検収、入庫作業の作業時間が長くなっている。作業者も不足気味でシフト管理にも時間がかかっている。また、入荷貨物の仮置き場を確保するのが難しくなってきており、外部倉庫を借りなければならない状況に追い込まれている。入庫作業の円滑化と十分な仮置き場、横持ち（拠点間移送）貨物の保管スペースが必要になっている。

仮置き場が少ないから、横持ち貨物に対応した保管スペース、仮置き場、借庫が必要だよ

検品も入庫作業も時間がかかるね

一度の発注量を抑えて、従来のバッチ納品を複数回に分割納品に切り替える

　調達部門、発注部門と話し合い、これまで納期前に一括で受け入れていた納品を3回に分けての納品に切り替えた。1回の入荷量が3分の1になったことで入荷検品、入庫作業を余裕をもって行えるようになった。その結果、受け入れ納品の仮置きスペース、横持ち貨物の保管スペースを確保することも可能になった。

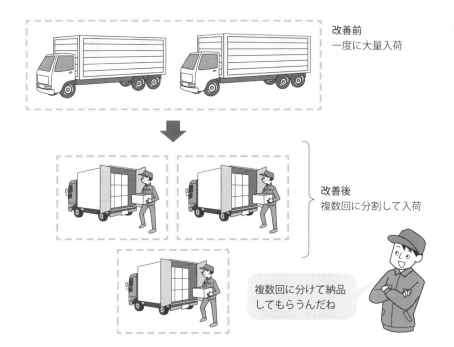

改善前
一度に大量入荷

改善後
複数回に分割して入荷

複数回に分けて納品
してもらうんだね

改善効果

　入荷量が抑えられ、大きなピークに対応するのではなく、平準化された中小ロットの入荷量に対応すればよくなった。その結果、大ロットの仮置き場などが必要なくなり、借庫などによる保管のコスト増の恐れを回避できた。また作業者増、作業時間増などによる人件費増も逃れることができた。

改善の
コツ　倉庫内の物流波動を可能な限り解消

▶ 改善の流れ

　調達部の発注部門との相談、取引先との交渉、打ち合わせのうえ、従来のまとめ（1回）での大量発注・大量納品の体制から複数回に分けての分割納品に切り替える。入荷量を大幅に抑制したうえで、一連の入荷・入庫作業の平準化を推進する。保管については荷量の平準化をふまえて仮置き場、留め置き場のスペース管理を徹底し、外部倉庫などを使う必要性がないように対応する。

▶ ここがポイント：物流量と保管スペースのバランス

　生産計画の変更などによる緊急発注で納品量が増加するといった、突発的な波動についても想定しておく。仕入れ先やアイテム群ごとの一括納入日の指定にあたっては、発生する物流量と保管スペースのバランスに配慮する。

解説

　「保管スペースが足りない」という声は現場ではよく聞こえる。しかし、「本当にそうなのか。合理的で標準的なオペレーションが行われている状況での自然増なのか」を十分に検証する必要がある。

　つまり、保管スペースに負荷をかける庫内の制約が発生しないようなしくみ作りも求められる。たとえば、

　①高積みができない小ロット端数の入荷量

　②通路不足による運搬効率の悪化

　③1段置きしかできない不安定な荷姿

　④低いパレット積載率での保管

などがあれば、入荷量が増えたときに急激な保管スペース増につながることになる。

　また、特定納期日に入荷が集中したり、調達コスト削減の目的から大量調達、大量輸送を行ったりすれば、保管スペース不足から外部倉庫などで保管スペースを確保する必要に迫られることがあり、結果的にはコスト高となりかねない。したがって、荷量と作業量の平準化を図ることが、結局はコスト削減に

つながるわけである。特定時期の大ロット入荷などのピーク時の対策も必要になってくる。

　もちろん、入荷量の平準化を行うには、取引先の緊密な協力も不可欠である。発注内容や数量のたび重なる変更や短リードタイムでの大量発注、限度を超えた小ロット発注なども、保管システムに大きな負担をかける。

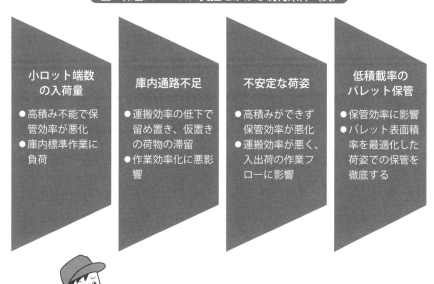

図　保管スペースに負担をかける制約条件（例）

小ロット端数の入荷量	庫内通路不足	不安定な荷姿	低積載率のパレット保管
●高積み不能で保管効率が悪化 ●庫内標準作業に負荷	●運搬効率の低下で留め置き、仮置きの荷物の滞留 ●作業効率化に悪影響	●高積みができず保管効率が悪化 ●運搬効率が悪く、入出荷の作業フローに影響	●保管効率に影響 ●パレット表面積率を最適化した荷姿での保管を徹底する

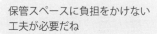

保管スペースに負担をかけない工夫が必要だね

関連情報　**容積削減**

　梱包形態、入荷時の荷姿、ケース内アイテムの充填率や圧縮率を考慮する。保管品そのものの物理的な視点からの容積削減を進めていくことも、省スペースの実現につながる。

22 輸送コストを合理的な手法で削減したい

難易度 ★★☆

この状況どうする 物流コストの上昇をなんとか抑えたい

　働き方改革関連法の施行でトラックドライバーの長時間労働にメスが入っている。従来型のシステムでは「物流コスト10％上昇は避けられない」といわれている。工場側などの荷主サイドからも、輸送ネットワークの改善を積極的に提案する必要に迫られている。トラックドライバー不足に対応したしくみ作りが求められているが……。

復路

C県　　　　　　　600km　　　　　　D県

往路

現状のままではドライバー不足にも輸送コスト上昇にも対応できないね

車中泊もあるし、長時間運転も法令違反になるね

中継輸送による輸配送ネットワークの再構築に着手する

短時間運転による輸配送ネットワークの再構築を目指す。150～200km以内での輸配送ネットワークの確立を念頭に、物流事業者側の制約を前提に出荷・納品スケジュールの見直しを行う。さらにモーダルシフト輸送なども組み合わせつつ、中継輸送を推進していく。積載率、トラック稼働率を改善し、コストパフォーマンスの向上を図る。

5章

物流コストをもう一度見直す

中継輸送導入のポイント

トラックドライバーの
労働時間の上限設定

↓

輸配送拠点（物流施設）
の見直し・再構築

短時間運転の輸配送
複数都市圏へのアクセス
災害に強い立地条件

↓

【150～200km以内での
輸配送ネットワークを重視】
●中継輸送の推進
●最適分散化の方針

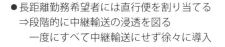
●長距離勤務希望者には直行便を割り当てる
　⇒段階的に中継輸送の浸透を図る
　　一度にすべて中継輸送にせず徐々に導入

●複数のドライバーが関わることを念頭に
　⇒不測の事態での緊急連絡体制を充実

●災害・天候不順などに備えて、
　⇒中継拠点の代替地の用意

いきなり中継輸送を導入するのではなくて、ゆっくり手順を踏んで導入を図りたいね

（国交省の資料などを基に作成）

改善効果

150～200kmでトラックドライバーが交替する中継輸送の導入で、長距離輸送に依存しないネットワークを構築した。車中泊などの不規則な就業形態や長時間勤務を解消でき、トラック稼働率、実車率が向上した。一部車両はスワップボディ（架装車両）コンテナの導入で荷役時間も短縮された。また、CO_2（二酸化炭素）排出量も大幅に低減できた。

改善の コツ　トラックドライバーの拘束時間を短縮

▶ 改善の流れ

　輸送の起点、中継拠点、終点を結ぶネットワークにおいて、トラックドライバー当たりの担当輸送ルートを150〜200kmを目安に区切り、中継拠点を設ける。トラックドライバーは中継拠点までの日帰り距離を運行することで車中泊の発生などを回避でき、拘束時間を短縮できる。また、トラック待機時間の低減などを目的にスワップボディコンテナを導入する。

▶ ここがポイント：トラックドライバーの拘束時間

　トラックドライバーの労働時間は細かく定義されている。「拘束時間」は、法定労働時間と時間外労働時間に休憩時間を含めて、原則1か月284時間が上限（2024年4月施行）と定められている。

解説

クラウド型情報システムの活用と作業環境の整備

　中継輸送をスムーズに行うにはクラウド型の情報システムの導入が不可欠になる。また、荷扱い、荷捌きを円滑に行えるように作業環境を整備する必要もある。必要なポイントを整理すると次のようになる。

（1）中継輸送プロセスの標準化

　中継輸送の方式、トラックの運行ルート、荷役作業などについて、標準的な設定、手順、段取りを取り決めておく必要がある。また物流事業者・荷主間のデータ共有や事業者間のドライバー一元管理なども求められる。あわせてIT端末やスマートフォンなどをドライバーや現場管理者、作業者が大きな負担なく使えるように準備する。またトレーラー交換方式の場合は広いスペースも求められる。なお、ドライバー交替や車両相互利用については、関連企業間での協定締結なども必要になってくる。

（2）動態管理システム・バース予約システムの導入

　IT端末やスマートフォンからクラウドにアクセスして、トラックの位置情報、到着時間、待機情報などの動態管理システムを活用できるようにする。ト

ラックドライバーの拘束時間内での労働を最大限にできるしくみ作りが必要となる。またバース予約システムを導入して、トラックドライバーの乗り換え、トラクター交換、貨物の積替えなどの情報共有・案内通知を行う。

（3）現場研修と作業環境の整備

　スワップボディの装着スキル、荷扱い情報の引継ぎの円滑化などが求められる。バラ積み貨物の積替えは待機時間の長時間化につながるので、パレット荷役を標準として、フォークリフト作業者を現場に配置する必要もある。

図　スワップボディコンテナを導入した中継輸送のイメージ

【スワップボディ導入の効果】
ドライバーの労働時間の削減（荷役分離の実現）

XXX 県
○○市

中継地点（トレーラー交換）

XXX 県○○市への
荷物を積載

○○○県
XX 市

XXX 県
○○市

○○○県 XX 市への
荷物を積載

○○○県
XX 市

スワップボディコンテナを使えば
中継地点でのトレーラー交換に
けん引免許は必要ないんだね

関連情報　ホワイト物流

　国土交通省、経済産業省、農林水産省が推進している物流課題に対応するため、荷主企業が物流事業者と協力して法令順守、改善・改革活動を実施し、持続可能な物流体制を構築する。

23 積載率を下げずにパレット荷役を導入したい

難易度 ★★☆

この状況どうする？ 積込みに時間がかかり、荷役時間が長くなっている

　工場からパーツセンターへの横持ち輸送（拠点間移送）にかかる荷捌き、積込み、積卸しの手荷役時間が長時間化していることを受けて、パレット荷役への切り替えを検討している。しかし、トラックの積載率の低下を懸念して、パレット荷役への切り替えを躊躇する声も上がっている。荷役効率を優先するか、積載率を優先するか、どちらか一つを選ばなければならない。

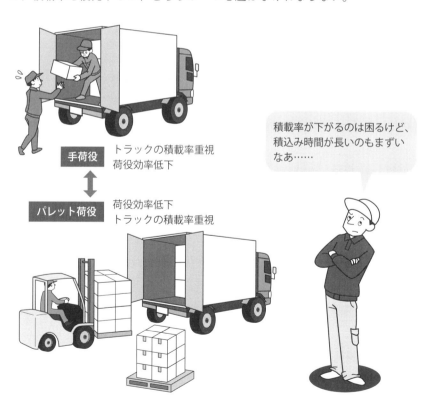

手荷役　トラックの積載率重視
荷役効率低下

パレット荷役　荷役効率低下
トラックの積載率重視

積載率が下がるのは困るけど、積込み時間が長いのもまずいなあ……

シートパレットの導入でトレードオフを解消

段ボール製などの薄いシート状のパレット（シートパレット）の導入で、積載率を下げずに荷役効率の向上を図る。横持ち輸送にかかる負担を最小限に抑えられる。シートパレットの厚み（高さ）は1mm程度で、トラック積載率にほとんど影響を及ぼさない。その一方でフォークリフト荷役の導入が可能になることから、作業効率は手荷役に比べ各段に向上する。

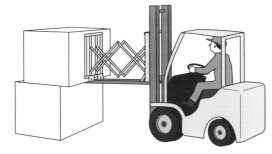

シートパレット用のプッシュプルフォークリフト

シートパレットを、プッシュプル付きフォークリフトを用いて運用するんだ

改善効果

シートパレットを用いることで、平パレットに比べ、トラックの積載率の向上、庫内作業時間が大幅に短縮できた。またシートパレットを保管にも活用する場合、積荷が安定して、保管効率を大きく改善させることができ、コスト削減を実現できる。なお、シートパレットは使い捨ての消耗品として処理できるので、回収などにコストをかける必要はない。

改善の
コツ 荷卸し、パレット積替えの作業負担を解消

▶ 改善の流れ

　現状分析として、工場から物流センターへの荷量を把握したうえで、シートパレットを導入する。プッシュプル付きのフォークリフトを用いた荷役作業に用いる。積込み、積卸し、荷捌き全般、保管に際して使用する。積載率、保管効率が従来のバラ積み貨物、手荷役の場合と比較して大きく変わっていないことを確認する。なお、シートパレットは廃棄も容易である。

▶ ここがポイント：平パレットとの併用も検討

　シートパレットを導入するには、プッシュプル付きのフォークリフトが必要となる。保管状況、トラックの積載率などを見定めながら、必要に応じて平パレットによる汎用性の高いフォークリフト荷役も活用する。

解説

　シートパレットの導入に際しては、まず対象貨物を選定し、どのような条件ならば効率的に活用できるのかを検討する。作業者数、作業時間、作業スペース、保管スペースなどを可能な限り最適化しておく必要がある。

　たとえば工場から物流センターへの出荷に際して、物流センター側の積卸し作業が手荷役だと、庫内へ運搬してから、仮置き場でパレットへの積替え作業を行う必要がある。しかしその場合、荷量が多いと、積替え作業が長時間化することになる。荷捌きスペースや仮置き場をケース単位の貨物が占拠すれば、一連の庫内作業が停止してしまったり、保管効率が大きく低下してしまったりすることになる。

　こうした状況を改善するためには、シートパレットの導入が効果的である。工場からシートパレットに載せて出荷し、物流センター側の入荷エリアでプッシュプル付きフォークリフトで積卸し作業を行う。そのまま仮置きはせず、庫内の保管エリアに運搬できる。プッシュプル付きフォークリフトが庫内に入れない、庫内と入荷エリアに段差がある高床式の入荷バースでは、庫内のフォークリフトに荷渡ししたうえで保管エリアに運搬する。

シートパレットを基軸にした一連のオペレーションの改善により、トラックの積載率を落とすことなく、荷役時間の短縮を実現できる。

　ただし、シートパレットに用いるプッシュプル付きフォークリフトは、通常の平パレットには使えない。その点も十分に考慮しての導入が求められる。

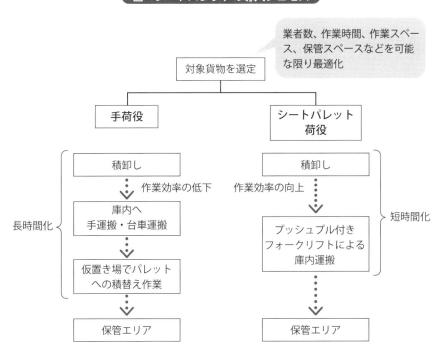

図　シートパレットの導入プロセス

物流コストをもう一度見直す

関連情報　**トラックドライバーの手積み**

　トラックの荷台にドライバーが手積みをする場合、数時間かかることもある。いくらトラックにすき間なく積込めても、それにかかる時間は膨大である。ドライバーには相応の対価が支払われなければならない。

24 館内搬送のしくみを変えて納品効率を改善したい

難易度 ★★★

この状況どうする 納品にかかる搬送時間を短縮したい

　商業施設に複数のトラックが異なる時間帯に納品している。しかし、たとえば週前半の平日や早朝の時間帯などに納品が集中し、館内搬送が長時間化している。共同納品体制を構築して、効率化を図りたいが、具体的にどのような手順で進めていけばよいのか見当がつかない。搬入場での荷卸しや館内でのエレベータ搬送に時間がかかり、台車やかご車の待ち時間が長くなっている。

搬入のかご車や台車で
込み合ってるなあ

こうすれば改善できる 8

納品トラックにダイヤグラム配送を導入し、施設内物流の一元化を行う

現状分析を行い、納品頻度、納品トラック台数、駐車時間などを確認し、ダイヤグラム配送を導入した。ダイヤグラム配送とは、複数の納品業者が共通の基盤を利用し、共同一括納品を行う時間指定型の納入システムである。着荷時間が不安定なルート便をダイヤグラム配送の時間指定便に切り替えることで、多頻度小口納入に切り替え、在庫削減が可能になった企業が増えた。

調達先 A

調達先 B

調達先 C

ダイヤグラム配送

店舗

共同一括納品

納品時間の混雑、手待ちを回避できるし、運送費、人件費などのコストも削減できる

改善効果

共同納品のしくみ作りを行い、納品トラック数、館内作業者数を削減でき、物流コストや人件費を削減した。また、納品作業もスムーズになった。ダイヤグラム配送の導入で、工場側は時間指定納品の順守が可能になった。出荷時間や供給リードタイムを設定しやすくなり、安全在庫を適正化できるようになった。また店舗側も欠品補充が計画的にできるようになった。

改善の コツ 共同一括納品に必要なデータを分析

▶ 改善の流れ

共同一括納品を導入するに当たり、まず荷合わせの可能性を見極める必要がある。ついで納品においてどのような制約条件や課題があるのかをデータとあわせて検討する。納品数、納品車両台数、運送費、人件費などの基本データと納品側のニーズをふまえ、計画的に納品計画を策定するダイヤグラム配送を導入する。ダイヤグラム配送の導入にあわせて、館内運搬・納品作業の一連の標準作業工程を策定する。

▶ ここがポイント：ダイヤグラム配送

ダイヤグラム配送とは配送、納品などのルート、時間帯、曜日別に、各拠点からの出荷時刻、入荷時刻、帰着時刻などを設定した配送システム。工場、倉庫の安全在庫や店舗の店頭在庫などの適正化を推進できる。

解説

共同一括納品の導入

共同一括納品は、取り扱う商品特性によっては効果が見られないこともある。たとえば生鮮食品のように納品リードタイムと品質管理や温度管理が密接に結びついている場合、常温の食品との一括納品が難しくなる。家具のように大型で特殊な形状をした商品の場合も、荷合わせできる商品が限られてくる。容積が大きく、積載率が高くて、出荷頻度が高い場合などは一か所のみの納品にチャーター便を活用しているケースも多く、標準的な配送システムであるダイヤグラム配送を導入してもメリットは少ない。

反対に導入前の納品形態が標準的な荷姿、積載率が標準以下で、出荷頻度がそれほど高くない場合は共同一括納品の対象となりうる。アパレル商品のように週末に多くの商品が売れることが予測できる場合、個別に納品を行っていれば、その週末の直前、つまり木曜日夜や金曜日朝に多くの納品トラックが集中することになる。そのため、計画的に複数の工場や物流センターを巡回し、納品先で着荷するダイヤグラム配送を導入すれば、納品ピーク時の混乱を避ける

ともできる。

　さらに、他社と納品時間帯がかぶっているようなケースでは、共同一括納品システムに組み込むことで搬入バースや駐車場の確保が容易になり、搬入時の荷物エレベータの活用などもスムーズになる。また、自社便を共同一括納品の配送トラックに切り替えることができれば、それまで固定費だった配送コストを納品量に応じた変動費として処理できるようになり、物流コスト削減につなげられる。

　しかも商業施設内の店舗は、ダイヤグラム配送の導入で納品リードタイム、納品時間が明確化され、在庫補充計画が立てやすくなる。

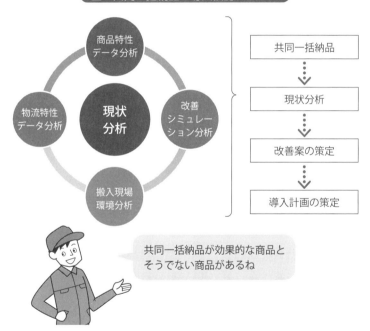

図　共同一括納品の導入検討プロセス

商業施設内の店舗は…
共同一括納品が効果的な商品とそうでない商品があるね

関連情報　館内物流

　商業施設、オフィスビルなどにある複数の店舗、事務所などを対象に納品、配送したり、集荷したりする物流の体系。共同配送、共同納品による納品・集荷の効率化策を導入することが効果的と考えられている。

25 非効率なパーツセンターのレイアウトを改善したい

難易度 ★★★

この状況どうする　誤出荷が頻発して作業効率が悪い

組立工場向け、卸売業向け、小売業向けのそれぞれに出荷しているパーツセンターで誤出荷がなくならない。ベテランから若手などに切り替わり、ピッキングに不慣れな作業者が増えたことが大きな理由だと考えられている。保管スペースにはまだ余裕があり、すでにロケーション管理などは導入しているが、よりわかりやすい庫内レイアウトに改善したいと考えている。

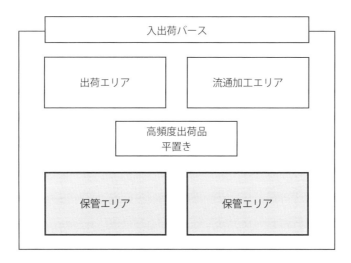

保管エリアからピッキングして混載で出荷しているんだ。
高頻度出荷品の一部は平置きにしてすぐに出荷できるようにしているんだけど、どうも誤出荷が多いんだ

顧客業態別グルーピングをした
保管ロケーションに変更する

　組立工場向け、小売業のセンター向けというように、保管レイアウトを顧客の業種業態別グルーピングする。組立工場向けの製品は出荷品目がある程度決まっていて品目数が少なく、多品種高頻度の小売業向けなどとは出荷特性が異なる。そのため、同一アイテムでも保管ロケーションが異なる場合は区別しておく。ただし、業態、顧客にかかわらず存在する低頻度出荷品については、共通保管エリアを設ける。

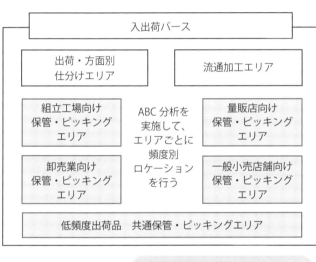

入出荷バース

出荷・方面別 仕分けエリア	流通加工エリア
組立工場向け 保管・ピッキング エリア	ABC分析を 実施して、 エリアごとに 頻度別 ロケーション を行う	量販店向け 保管・ピッキング エリア
卸売業向け 保管・ピッキング エリア		一般小売店舗向け 保管・ピッキング エリア

低頻度出荷品　共通保管・ピッキングエリア

顧客・業種業態別の保管区分を
設けたことで誤出荷率が低下したよ

改善効果

　顧客別などに保管ロケーションを再構築し、仕分けエリアを広くとった。ピッキングミス、仕分け間違いが減少し、誤ピッキング率、誤出荷率も低下した。作業者にかかっていた負担も減少し、作業効率が向上した。これまでのレイアウトでは仕分けに時間がかかり、横持ち運搬や「空運搬」が多く作業動線が複雑に入り組んでいた。しかし、作業動線が単純化され、仕分け時間も短縮された。

改善の
コツ　**保管効率より作業効率を重視したレイアウト**

▶ 改善の流れ

　組立工場、卸売業、小売業といった業種業態別、さらには顧客別に保管エリア出荷頻度に基づいく区分する。低頻度出荷品については共通保管在庫エリアを設けておく。仕分け・出荷バースは誤出荷防止の観点から大きくスペースをとる。出荷ロットごとにピース保管、ケース保管、パレット保管の区分も設ける。4段固定ラックの最下段には重量物、最上段には軽量物などを集め、真ん中の2段は、出荷頻度の高いアイテムを集中させる。

▶ ここがポイント：誤仕分け

　同じアイテムでも異なる顧客、方面、異なるロットの場合、手仕分けを行えば、ミスが起こるリスクは高くなる。リスクを回避するためには、あらかじめ業種業態別、顧客別の保管ロケーションにしておく必要がある。

解説

　出荷頻度を重視した庫内レイアウトとするのは、保管効率よりも作業効率を重視するためである。確かに全顧客、全業種業態のアイテムを統合していれば、保管効率は向上する。しかしピッキングや仕分けに作業負荷がかかるようならば、物流コストの負担も大きくなる。

　それに対して作業効率重視の庫内レイアウトならば、入出荷作業に迅速、タイムリーにミスなく対応できる。作業動線がわかりやすく、ヒューマンエラーが発生しにくいしくみ作りが行われている庫内レイアウトならば、ピッキングや仕分けのミスは減る。迅速に作業を行えば、残業なども解消でき、結果としてトータルコストの削減につながる。

　とくに小ロットの出荷が多い場合、ピース単位とケース単位でそれぞれ出荷頻度別に区分し、出荷バースに近いエリアに高頻度出荷品のロケーションをとる。

　なお、保管エリア内のレイアウトはピッキング方式単位に区分する。自動倉庫、固定ラック、フローラック、回転ラックを出荷頻度と出荷ロットに対応させて導入する。あわせて、パレット、ケース、ピースごとにフォークリフト、

コンベヤ、カートによる庫内運搬がスムーズに行われるように工夫する。

ピッキング後の出荷待ちの仮置きスペースには、トラックの荷台の手前から順に積卸しできるように、最初の配送先を手前にして、配送の逆順に荷物を並べておく。着荷先での積卸しを効率的に行えるようにするためである。

作業効率を最大限に上げるために庫内レイアウトの保管配置や作業動線を工夫し、コスト削減につなげていくのである。

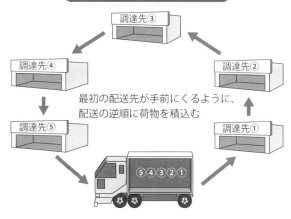

図　トラックへの逆順積込み

最初の配送先が手前にくるように、配送の逆順に荷物を積込む

表　出荷単位別保管形態 一覧

出荷単位	保管形態	出荷・保管ロット	出荷頻度
ピース	固定ラック	小ロット	高〜低
	流動ラック		高〜中
	回転ラック		中〜低
ケース	固定ラック	中ロット	高〜低
	流動ラック		高〜中
	移動ラック		低
パレット	自動倉庫	大ロット	高〜中
	ハンドリフト		高〜中
	平置き	小ロット	高〜低

＊一例であり、取扱い貨物の特性により詳細は異なる

関連情報　パレットの平置き

パレットの平置きは荷動きの頻度が高いパレット単位の出荷貨物を対象に行われる。なお、平置きの場合も床にラインテープを貼るなどし、所番地化してロケーション管理に組み込むことが望ましい。

物流コストをもう一度見直す

DPS の導入

　伝票やピッキングリストを見ながらの貨物の取り出し（ピックアップ）には時間や人手がかかるし、ミスも発生する。ある程度のピッキング規模の場合、考えなければならないのはDPS（デジタルピッキングシステム）の導入である。

　バーコード管理などを行っている貨物が保管されている棚にデジタル表示のランプが設置され、ピッキングに際しては、点滅などで指示を出す。作業者は、ランプ指示にしたがい、アイテムごとに指定された数量をピッキングする。

　DPSの導入は誤出荷の発生を抑える効果もある。誤出荷の主要因として、ピッキングミスや不正確な庫内作業、人手不足、作業時間不足などが考えられるが、DPSの導入によってこれらを総合的、包括的に回避することが可能になる。

　DPSを導入しないでピッキング作業を行う場合、ピッキングリストを発行し、作業者がそのリストを見ながらピッキング作業を行うことになる。そのため、繁忙期など、多くの作業者、長い作業時間が必要な場合、熟練作業者などが不足すれば、ピッキングリストの読み取りミスが発生するリスクが高まる。

　しかし、DPSを導入すればこうしたリスクを最小限に抑えることができる。ランプの点滅により指示が出るので、不正確なピッキングを可能な限り回避できる。作業手順も簡素化されているので、導入教育、新人教育などについても最小限のコストと時間で対応できる。

　ただし、物流量の少ない倉庫に導入すると、高い処理能力が裏目に出て、オーバースペックとなるリスクもある。ピッキングの規模や物流特性を入念に検証したうえで、綿密な導入計画を立案し、慎重に導入していく必要がある。

第6章

返品、リコール対応の現場改善

イレギュラーな物流管理に対応

26 返品商品管理と倉庫整理を効率的に行いたい

難易度 ★☆☆

この状況どうする 返品商品がどこにどれだけあるかわからない

　卸売業や小売業からの返品が増えてきたが、返品をそのまま保管エリアに戻すわけにはいかないので、庫内に返品の仮置き場を設けて、そこに一時保管している。しかし、仮置きや留め置きの状態のままだと、返品在庫がどれくらいあるのか、どこにあるのかがわからない。これ以上、返品処理が迷走しないうちに対策を立てたいと考えているが……。

返品の在庫管理がたいへんなんだよね
仮置きしているだけだと、どこに何があるかすぐにわからなくなるなあ

商品別に返品理由を確認したうえで、所番地化してある保管スペースに格納する

　返品理由を確認し、不良品として返品されたアイテムは廃棄処分で対応する。目視検査で返品の商品の状態もチェックする。顧客側の都合で返品されたが、キズなどがなく未開封で再販が可能なアイテムは、所番地化した返品保管エリアを設ける。再入荷処理をして通常在庫の保管エリアに戻すか、返品保管エリアから工場倉庫などに返送するかは、状況に合わせて対応できるようにする。

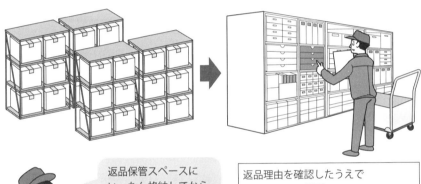

返品保管スペースに
いったん格納してから、
状況に合わせて対応す
るんだね

返品理由を確認したうえで
ロケーション管理
（必要に応じて移動ラックなども活用）

改善効果

　返品処理の一連のプロセスをルール化して保管スペースをロケーション化した。これによりどこに何があるのかが明示され、再出荷処理や工場への返送業務がスムーズかつ迅速に行えるようになった。「返品処理のあと、どこにあるのかわからなくなった」ということがなくなった。また、従来、場当たり的に設けられていた返品の仮置きスペースが整理されたことで、庫内の保管効率も向上した。

返品処理のプロセスを明確化する

▶ 改善の流れ

返品の受け入れ、検収、保管の一連のプロセスをルール化したうえで、返品の保管スペースを確保し、所番地化する。返品アイテムについては返品IDを設けて管理する。必要に応じて、返品された商品に代わる交換商品の出荷が必要になることに留意する。返品された商品が保管スペースの不動在庫とならないように再販可能な商品は再出荷、不良品などについては廃棄、工場などに返品といったプロセスをルール化する。

▶ ここがポイント：返品連絡票の導入

返品が見込まれる商品については、あらかじめ包装内に「返品連絡票」を入れたり、返送先や返品IDを記載した専用ラベルをホームページなどからダウンロードしたりできるようにしておく。

解説

返品のプロセスを整理すると次のようになる。返品の受入れについての一連のプロセスは整理されていない現場も多いので、庫内作業者が情報を共有しやすくするために手順書などを作成してルール化、標準化しておく必要がある。

①返品の受入れ

返品の受入れは意外と難しく、対応を間違えると、返品の大幅な遅れにつながる。迅速かつ正確な対応が望まれる。返品連絡票や返品IDを記載した専用ラベルを納品書とともに梱包することで、対応は迅速になる。

②商品の返送・交換

破損、汚損などがある商品や誤配送などの場合は、代替商品の出荷処理を行う必要もある。また、商品を交換する場合には在庫ステータスをはっきりさせたうえで、混乱や混同、勘違いが生じないように迅速に対応する。

③返品の棚卸し

返品商品の保管エリアを設けて管理することになっても、基本的に返品保管は一時的なものである。廃棄するか、再出荷するか、工場などに返送するかを

可能な限り早く判断するか、指示を仰がなければならない。保管期間を設定し、その期間を過ぎた場合は廃棄、再出荷、返送のいずれかの対応をすみやかに行うようにルール化しておく。再出荷に際しては、発注に応じて再検品、再個装のうえ、新たに納品書などを発行して、梱包、出荷することになる。

なお、返品部門に情報システムが導入されていない目視中心の現場ならば、所番地化による固定ロケーションの採用が管理には向いていると考えられる。ただし、WMS（倉庫管理システム）の拡張機能などで情報管理されている場合は、固定ロケーションでもフリーロケーションでも対応できる。

図　返品処理の基本スキーム

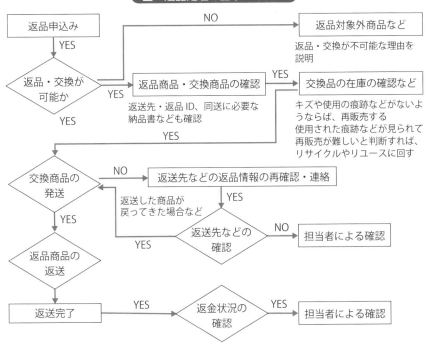

関連情報　**返品に必要な納品書**

　返品処理にあたって、納品書が同封されていると処理がスムーズに進むが、着荷主側が納品書を紛失しているケースも多い。返品・返送に際して納品書も必要になることを周知徹底しておく必要がある。

27 返品商品をしっかり整理・整頓したい

難易度 ★☆☆

この状況どうする 返品商品が似ていて区別しにくい

　返品されてきた商品を返品保管エリアの固定ロケーションに格納するのだが、返品連絡票や返品IDはなく、目視で商品の確認を行っている。返品商品には類似品も多く、バーコードで確認できない現状では目視に頼るしかない。だが、類似品の場合、取り間違えてしまうミスも出てきている。商品を間違えないように格納、保管し、管理できるようにしていきたいのだが……。

実物大の写真を類似品の棚の間口に貼り付けて確認できるようにする

　返品保管エリアにある、その商品の棚の間口に実物大の写真（画像）を貼り付けて、比較して確認できるようにする。見本として実物が用意できる小型のアイテムは、実物をビニール袋などに入れて、問口際にテープで貼り付けておく。返品アイテムの商品勉強会を現場スタッフのために定期開催し、類似品が区別できるように努める。また返品IDとロケーションを紐付けする。

実物大の画像の貼り付け

実物が用意できるなら
袋に入れて
貼り付けてもいいね

返品の多い類似商品の勉強会

改善効果

　実物と同じ大きさの写真を保管ラックの間口に貼り付けたことで、類似品と見分けやすくなり、取り間違えが減少し、返品の棚卸精度が向上した。「返品を受け入れたがどこに保管したかわからない」ということがなくなった。あわせて定期的に返品商品の勉強会を開催するようになったことで、現場スタッフの返品管理へのモチベーションが向上し、返品処理が迅速に行われるようになった。

改善の コツ 高頻度の類似商品の画像一覧表も用意する

▶ 改善の流れ

返品頻度が高い類似商品をピックアップしてあらかじめ画像を用意し、返品保管エリアの固定ラックの間口に画像を貼り付ける。注意を要する類似商品は赤紙で「類似品あり」と明記する。類似商品の画像一覧表も返品受入れ作業の現場にパネル表示する。並行して類似商品の勉強会を開催し、現場スタッフ間での返品商品情報を共有しつつ、返品IDとロケーションの紐付けも進めていく。

▶ ここがポイント：交換品の出荷

返品された商品が不良品などの場合、返品処理を済ませたうえで、交換品を出荷するケースもある。返品アイテムと交換品のアイテムが同一の場合もあるが、異なる場合もある。誤出荷に十分注意する必要がある。

解説

状況に応じた返品処理

返品は、顧客の都合による返品と製造元側の都合による返品の2通りが考えられる。

（1）顧客の都合による返品

望んでいた商品とは異なることなどから、「返品したい」と顧客が望む場合、製造元側は購入者がどの商品を注文したかを確認し、問題がなければ返送を受け付けることになる。商品が返送されてきたら、商品のIDなどを確認し、キズや使用の痕跡などがなければ再販売する。反対に開封されていたり、使用された痕跡などが見られたりするなど、再販売が難しいと判断すれば、リサイクルやリユース、廃棄処分などで対応する。

なお、返品に際しては、帳簿や伝票の修正も必要である。借方と貸方を逆に仕訳し直す「売上戻し」を行わなければならない返品処理に時間がかかった場合、「期ズレ」（計上すべき期と違う期に計上してしまうこと）が起こらないよう注意する必要がある。

（2）製造元の都合による返品

　顧客、購入者から「購入した商品と異なる商品が届いた」「商品に破損、汚損などがある」「商品サイズ、寸法が注文したものとは異なった」など、出荷側に不手際がある場合、事実確認を行ったうえで、まずは丁寧に謝罪しなければならない。クレームのやり取りは電話にせよ、メールにせよ、必ず記録しておく。

　返品にあわせて交換する商品を出荷しなければならないケースもある。すぐに在庫を確認し、もし在庫がないようならば、補充発注の手配をし、そのうえで迅速に返品処理を行う。

図　都合（理由）別の返品対応

顧客の都合による返品

- 返送された商品 ID を確認
- 未開封、未使用ならば再出荷、再販売
- 開封、使用済みで再販困難の場合はリサイクル、リユース、廃棄処分などで対応

製造元の都合による返品

- 状況に応じて迅速に謝罪
- 返品にあわせて交換する商品を出荷
- 交換在庫の確認と必要に応じての補充発注の手配、迅速な返品処理

まずはどちらのケースにあたるか確認しよう

返品を受けるだけでなく発送しなければいけないものには注意だね

関連情報　**特定商取引に関する法律（「特定商取引法」）**

　通信販売で商品などの販売条件について広告する場合、商品や権利の売買契約の返品特約の有無やその内容について表示する事項を規定する。また、広告に返品特約がない場合は8日間以内ならば、商品を返品できる。

28 行き当たりばったりの都度回収を解消したい

難易度 ★☆☆

この状況どうする　リコール製品の回収プロセスがバラバラ

　回収されたリコール製品を工場で修理（リペア）作業を行い、顧客に戻すようにしている。しかし、回収プロセスやルートがいくつも存在し、急な対応を求められることも多い。また、リコール製品の修理が都度対応になり、時間がかかったり、修理待ちの在庫が保管スペースを占拠したりするといった事態が発生している。基本的なリコール製品の回収プロセスを構築し、効率化を図りたい。

急にリコール品が入ってくるなぁ

リコール製品の処理のしくみづくりが必要だね

リコール製品の修理業務を、工場から物流センターに移して一元管理する

　リコール製品の回収や修理依頼が複数の工場でバラバラに行われていたのを、集約された拠点である物流センターで一元管理することにした。消費者から営業所などを経由して回収されるリコール製品は物流センターに送られる。そこに設けられた修理専用のラインで不良部品などの交換を行い、営業所に返送されることになった。

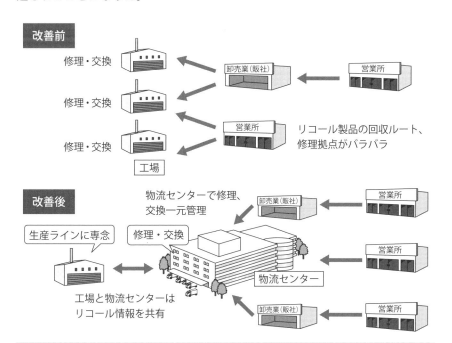

改善前

修理・交換

修理・交換

修理・交換

工場

卸売業(販社)

営業所

営業所

リコール製品の回収ルート、修理拠点がバラバラ

改善後

物流センターで修理、交換一元管理

生産ラインに専念

修理・交換

物流センター

工場と物流センターはリコール情報を共有

卸売業(販社)

卸売業(販社)

営業所

営業所

営業所

改善効果

　物流センターでリコール製品の修理・交換を流通加工業務として一元管理することにより、リコール製品の回収プロセスが整理され、回収や交換に工場が振り回される状況は改善された。また不良品の修理後の返送についても、スムーズな出荷が行われるようになった。なお、リコール製品は営業所などからの帰り便での「ついで回収」をメインにしたことにより、配送コストも削減された。

改善の コツ　物流センター内に修理・交換本部を設置する

▶ 改善の流れ

　物流センターにリコール製品の修理・交換本部を設置して、営業所、卸売業などに集まるリコール製品の部品交換、リペア、廃棄などを一括で行う。物流センターでリペア処理が行われた製品は卸売業、営業所などに返送される。物流センターにリペア業務が集約されることで、工場は本来の生産ラインに専念できるようになる。

▶ ここがポイント：リコールの原因となる特定部品の影響

　リコールを招いた欠陥の原因が特定の部品である場合は、その部品を供給しているサプライヤーも対応に追われるため、リコール製品回収の流れや必要な物事をきちんと把握しておく必要がある。

解説

リコール製品の回収プロセス

　リコールの決定にあたっては、「製品の欠陥などが事故につながる可能性が高いか」「ユーザーの使用環境の変化などで事故などが起こるリスクがないか」を調査・検討する必要がある。さらにリコールが実施されてからも「リコールがきちんと行われているか」「どれくらいの割合で回収されているのか」といった進捗状況のチェックを行う必要がある。リコール状況を監視して、その成果を評価するのである。

　リコール製品の回収はなかなか進まないケースも少なくないが、回収が進まないようであれば回収方法を再検討する必要もある。

　また、特殊な修理・交換の場合は、専門家や熟練者を工場や営業所に派遣したり、作業者に研修・インストラクションなどを行ったりする必要がある。リコール製品の回収という本来の生産ラインとは異なるイレギュラーな対応に追われることで作業者が不足したり、メイン工程に遅れが生じたりするリスクも出てくる。こうしたリスクを回避するため、物流センターにリコール作業を集約し、一括管理していくという選択肢が有力となる。

なお、メーカーの目線から見ると、販売店は重要な回収拠点でもある。リコール・回収についてダイレクトメールなどで顧客に直接、情報を伝達した場合、宅配便の着払いなどで顧客が直接、メーカーの工場などに送り返すこともある。また宅配便で送るには荷造りなどに時間がかかるような製品の場合は、顧客が最寄の販売店などに直接持ち込むこともある。したがって、販売店が急なリコール製品の持ち込みにも対応できるように、関連情報の周知徹底も必要になる。

図　リコールの決定・実施・研修

| リコールの決定 | ●製品の欠陥などが事故につながる可能性の調査・検討
●ユーザーの使用環境の変化などで事故などが起こるリスクの調査・検討 |

| リコールの実施 | ●リコールの進捗状況を確認
●リコールの回収率、回収状況をチェック
●リコール状況を監視して、その成果を評価 |

| 修理・交換の研修 | ●専門家や熟練者を工場や営業所に派遣
●作業者に研修・インストラクションなどを実施 |

リコール製品の取り扱いの流れを明確にしよう

関連情報　リコール対応マニュアルの作成

　リコール・回収製品が壊れやすかったり、保管、運搬に手間がかかったりする場合は品質管理、保管や運搬のマニュアルなどを作成する。該当する部品のみを修理・交換すればよい場合は、修理・交換マニュアルを用意する。

リコール製品の部品交換後の返送工程を効率化したい

難易度 ★★☆

この状況どうする 仮置きスペースが不足し、庫内作業に時間がかかる

　営業所、販売店などから送られてきたリコール回収製品の部品交換をしている。部品交換ラインでリコール該当部品の交換後、台車で一時保管をするリザーブエリアに格納し、出荷計画に基づいて、ピッキング、梱包を行い、方面別、店舗別に出荷している。部品交換ラインからリザーブエリアに運搬する際に部品交換済み製品の仮置きスペースが不足し、庫内作業に支障が出ている。

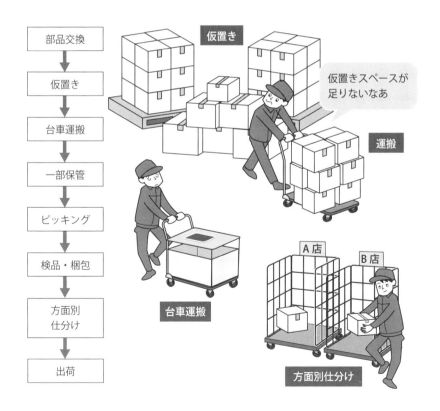

部品交換後の仮置き、運搬を工夫して効率化する

それまでフロアに平置きしていた交換済み製品の仮置きを、あらかじめ台車に載せておく方式に変更した。台車への積込み作業の手間を省き、負担なく迅速に運搬できるようになった。また、部品交換量が少ない時期には部品交換ラインから仮置き、一時保管を行わず、ラインからダイレクトに梱包、方面別仕分けエリアに運搬するショートプロセスを採用した。

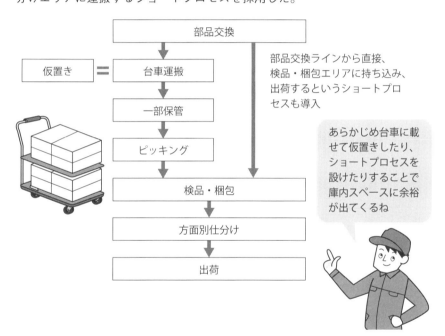

部品交換

仮置き ＝ 台車運搬

一部保管

ピッキング

検品・梱包

方面別仕分け

出荷

部品交換ラインから直接、検品・梱包エリアに持ち込み、出荷するというショートプロセスも導入

あらかじめ台車に載せて仮置きしたり、ショートプロセスを設けたりすることで庫内スペースに余裕が出てくるね

改善効果

部品交換ラインの仮置き製品を台車に手作業で移す工程がなくなったことで、作業時間が短縮された。迅速に運搬されるようになったため、仮置き場に滞留していた部品交換済み製品がスムーズに一時保管エリアに運ばれ、庫内スペースに余裕ができた。また、ショートプロセスを併用することで、部品交換ラインの稼働状況を見ながら、効率的に出荷できるようになった。

改善の コツ　修理ラインから出荷までの流れを簡略化

▶ 改善の流れ

　部品交換後に仮置きスペースに平置きし、バッチ（まとめ）で台車に載せて一時保管エリアに運搬していたが、部品交換後すぐに台車上に重ね置きして、台車が満載された段階で運搬する都度処理に切り替えた。さらに部品交換ラインから、一時保管エリアを得ずに、検品・梱包エリアにダイレクトに運搬するショートプロセスを設定し、部品交換ラインの稼働状況を見ながらレギュラープロセスと併用していくことにした。

▶ ここがポイント：台車の保管機能

　台車といえば運搬機能のみと思われることも多いが、保管機能も見逃せない。仮置きや一時保管の際に台車に載せておくことで積込み・積替え作業を省き、つぎの工程に円滑に進める。

解説

回収量のバラつきに対応

　回収物流のフローのなかで留意すべき点として、「大量の製品を短期間に回収することが要求されているにもかかわらず、実際は回収に時間がかかり、修理や交換を迅速に行えない」ということがあげられる。リコール製品の回収後に部品の修理、交換などのプロセスが必要となる場合、ラインの稼働状況にムラが出てくる可能性が高いのである。

　また、「製品が戻ってくるタイミングがメーカー依存になり、サプライヤーが把握できない」ということもある。部品交換は組立工場で行うが、その部品はサプライヤーから調達するため、リコール製品の回収が進んでも、交換する部品が欠品となることも少なくない。

　さらにいえばサプライヤーの目線から見れば、「大量の回収製品の修理・交換、廃棄などの作業がメーカー都合のタイミングとなり、自社の通常生産ラインを圧迫する」こともある。

　いずれのケースでも、交換部品の在庫量の増減が読めなかったり、リコール

製品の回収量のバラつきが大きかったりと、平準化が難しい現場にもなっている。したがって、工場の修理・交換ラインを十分に確保したうえで回収の段取りを把握して人員を確保するなど、回収ネットワークの整備を行う必要がある。一製品あたりの修理時間を把握して、そこから必要な人員や期間を細かく割り出し、全体の見通しを立てるようにしたい。

なお、リコール・回収する製品が壊れやすかったり、保管、運搬に手間がかかったりするような場合は、作業者向けに製品の品質管理、保管や運搬に関するマニュアルなどを作成する。

図　リコール回収にかかる課題と負担

大量回収 迅速な対応

- 長期に及ぶ回収
- 緊急性が要求される修理・交換
- 速やかな返送

交換部品在庫

- 交換部品の発注量・在庫量のバラつき
- 通常の生産ライン稼働への圧迫

部品サプライヤー の負担

- 大量の回収製品の修理・交換、廃棄などの作業負担
- 交換部品の大量発注への迅速な対応

回収量のめどが立てば、対応の見通しが立てられるな

関連情報　**部品交換のコスト**

最終製品製造業者が、ある部品を製品に組み込む場合、その部品自体は安価でも、取り外しや交換作業に手間がかかり、部品の単価をはるかに上回るリコール費用が必要になることもある。

30 修理部品の在庫管理をしっかり行いたい

難易度 ★★☆

この状況どうする 在庫適正化がなかなか実現できない

　保守用、あるいは修理用としても部品の出荷量が増えてきたが、レギュラー生産ラインでも同じ部品を必要としているため、在庫不足に陥りがちである。また、類似した部品も多いため、ピッキングミスや誤出荷も多発している。欠品を警戒すれば安全在庫が過剰になるが、庫内スペースには大きな余裕はない。過少在庫と過剰在庫を行き来しており、なかなか在庫の適正化に至らない。

在庫が足りなくなってしまった……

欠品・過少在庫

こっちは在庫が余っているな……

安全在庫増・過剰在庫

生産ライン部門と修理部門で、同じ棚の部品を奪い合ってるね

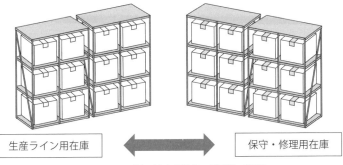

こうすれば改善できる ⑧ 生産ラインと保守・修理部門の在庫とロケーションは分けて管理する

　生産ラインの部品数は生産計画に基づいて在庫レベルを設定する。保守・修理用の部品も直近数か月の出荷実績などをもとに需要を予測して在庫量を決め、それぞれ別々のロケーションで管理する。必要に応じて、色分けしたシールなどを棚の間口に貼り、同一アイテム別用途であることを示し、ピッキングミス、在庫などが発生しないように違いを可視化する。

| 生産ライン用在庫 | ⬌ | 保守・修理用在庫 |

同一アイテム別用途を区別して保管・管理

在庫の種類によって、ガムテープの色を変えて、見分けがつくようにしたよ

在庫が少なくなったら赤札を出そう

改善効果

　生産ラインの在庫と保守・修理用在庫を分けたことで、同一アイテム別用途が明確化された。それぞれの在庫が混同されたり、用途を無視して使われ欠品が生じたりすることがなくなった。色別管理も導入したことで、ピッキングミスや在庫の混同も発生していない。また色別管理とあわせて「欠品注意」の赤札も導入したことで、在庫が切れる前の適切な時期に補充発注が行えるようになった。

改善の コツ　色別管理の導入で同一アイテム別用途を明示

▶ 改善の流れ

　生産ライン用、保守・修理用のそれぞれの出荷実績を確認し、在庫レベルを設定したうえで、別ロケーションに保管する。同一アイテムであるため、在庫の混乱やピッキングミスが発生しないように色別管理を導入し、保管棚の間口に色テープを貼り区別、出荷段ボール箱の梱包ガムテープの色も分ける。さらに在庫量が減少し、発注点に近くなった場合には「赤札」を出し、補充発注の必要性を喚起する。

▶ ここがポイント：発注点の設定

　出荷により在庫量がある程度減少したら、補充発注をかけなければならない。補充発注をかける目安となる在庫量が発注点である。棚の間口に目盛り線などを設け、見える化している現場も多い。

解説

「修理の権利」で増えるリペア需要

　消費者が「自分で修理する」ことに注目が集まり、欧米諸国ではメーカーが修理の方法を公開したり、個人でも修理に必要な部品が調達したりできるような仕組み作りが進んできている。この流れが日本にも入ってくる可能性が高くなっている。

　これまでの修理のプロセスは次のようなものだった。①消費者が販売店（修理受付窓口）などを通して、メーカーに修理を依頼する。②メーカーは自社の修理工場などで故障個所を修理したり、部品を交換したりする。③修理が完了した製品は消費者に戻ってくる。

　これに対して、修理を消費者が自ら行う場合には、次のようになる。

（1）消費者が自分で修理する場合

　消費者が自ら修理することを認められた場合、まず修理部品や修理マニュアルを入手する。修理マニュアルは紙媒体のものを販売店などで配布、あるいは有料で提供するか、ホームページからダウンロードできるようにする。修理に

使う部品はメーカーが提供する新品の純正部品に加え、リサイクル・リユース部品、他社製の部品なども調達できるようになる可能性が高い。

（2）修理会社に依頼する場合

純正部品にこだわらなければ、修理や交換部品のスペックなどが公開されている場合、メーカーよりも安価で引き受ける修理会社に依頼して修理してもらったり、リペアカフェで専門業者やボランティアなどに修理を依頼することになる。

こうした潮流に対応するためには、修理部品特有の特徴や傾向を把握した在庫管理を行う必要がある。修理部品の重要性がこれまで以上に高まっている。

図 「修理の権利」で増えるリペア需要

| これまで | ·········▷ | これから |

これまで
①消費者が故障した製品を販売店などに通して、メーカーに修理を依頼
②メーカーは自社の修理工場などで故障個所の修理、部品交換
③修理が完了した製品は消費者に返却

修理方法も多様化する時代だね

消費者が自分で修理する場合

修理部品や修理マニュアルの入手
修理に使う部品については
①新品の純正部品
②リサイクル・リユース部品
③他社製の部品なども調達

修理会社に依頼する場合

①修理会社に依頼して修理
②リペアカフェで専門業者やボランティアなどに修理を依頼

関連情報　　**リペアカフェ**

欧米諸国で広がる修理の権利の運動。修理の専門家と一般消費者が協力しながら、修理キットやノウハウを共有しつつ、自分の手で直していく。「自分の持ち物である製品は自分で直したい」という考え方が根底にある。

縦持ち荷役

　物流センターで入荷した貨物を上層階に保管する場合、「縦持ち」が必要になる。さらに繁忙期などではエレベータ、垂直搬送機の待ち時間も軽視できない。「縦持ち」とは多層階の構造物内で、エレベータや垂直搬送機などを用いた搬入・搬送のことを指す。

　物流施設は平屋が理想となる。平屋の倉庫などでは作業プロセスを一本の動線上に置くことができるからである。したがって現代的なマルチテナント型のスロープ付きの自走式倉庫では、縦持ちが必要とされないことも多い。

　もっとも都市部の多層階の物流センターでは、いかに効率的に縦持ちを展開するかということが依然、物流改善の大きなポイントとなっている。

　多層階の倉庫の場合、一階は出入荷中心、二階にはたとえば流通加工などのスペース、三階以上が保管エリアとなっていることが多い。ここで大切なのは「荷動きの激しい貨物は上層階に保管しない」ということである。

　さらに、縦持ち荷役にはエレベータを用いるよりも垂直搬送機を使用する方が効率的なケースも多い。各階の垂直搬送機からの取り出し口とその付近は、作業スペースとして空けておくのが効率的である。段ボール箱などの解梱は各階で行う。

　ただしエレベータの場合、各階での待機時間はどうしても長くなってしまう。そのため、繁忙期はエレベータ待ちに悩まされる物流センターも少なくない。

第7章

安全対策・火災対策の視点からの改善

作業負荷の小さな現場づくりを推進

31 庫内レイアウトの改善でフォークリフトの台数を最小化したい

難易度 ★★☆

この状況どうする フォークリフトオペレーターが不足している

パレット荷役を本格的に導入したいが、フォークリフトオペレーターが不足している。ハンドリフトも活用しているが、多くの作業者を運搬作業に差し向けられない。ただし、自動倉庫を導入する計画があるので、フォークリフトと効果的に組み合わせることで庫内運搬作業の効率化に役立てたい。庫内レイアウトを工夫することでフォークリフト台数削減に結び付けられないだろうか。

人手不足で、フォークリフトオペレーターが足りないな

自動倉庫とフォークリフトの組み合わせで効率化できないだろうか

こうすれば
改善できる

シャトル（搬送車）式の自動倉庫の動線と フォークリフトの動線を同期させる

シャトル式のパレット保管システムを装備した自動倉庫を横長に設置し、入庫口、出庫口を設ける。入荷バースからフォークリフトでパレット荷を入庫口まで運搬し、シャトルに載せたあと、横長構造の自動倉庫内レールを右方向に走らせて保管する。出荷依頼に基づいて、先入れ先出しで出庫口から貨物を取り出し、フォークリフトで出荷バースまで運搬する。

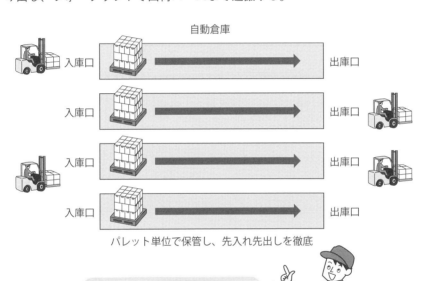

自動倉庫

入庫口　　　　　　　　　　　　　　　　　　　　出庫口

入庫口　　　　　　　　　　　　　　　　　　　　出庫口

入庫口　　　　　　　　　　　　　　　　　　　　出庫口

入庫口　　　　　　　　　　　　　　　　　　　　出庫口

パレット単位で保管し、先入れ先出しを徹底

フォークリフトと自動倉庫の動線を
一致させて稼働台数を節約しよう

改善効果

パレットラック間でフォークリフトを走らせてピッキング作業を行う代わりに、自動倉庫のレール上にパレット荷を載せて入出庫口に向けて運搬することで、フォークリフトの稼働台数を節約できる。パレットラック間の通路にフォークリフトを走らせる場合は通路幅を広めにとらなければならないが、自動倉庫ではその必要がないため、保管効率を大きく向上させられる。

改善の コツ　フォークリフトの作業動線をこまかく分析

▶ 改善の流れ

　自動倉庫の導入を前提にフォークリフトの稼働状況、稼働率などの現状を分析し、フォークリフトの削減台数を決め、庫内レイアウトを設計する。改善前はパレットラックを使い、ラック間の通路を通行していたフォークリフトの動線を自動倉庫のレール動線に置き換えることで、フォークリフトの作業台数を削減する。また自動倉庫に保管することで保管効率を向上させ、先入れ先出し法で出庫できるシステムを構築する。

▶ ここがポイント：フォークリフトと手運搬

　物流現場でフォークリフトの動線と手運搬、台車運搬などの動線が交差していると、庫内事故の発生のリスクがある。フォークリフトの稼働エリアと手運搬、台車運搬などの作業エリアは明確に区別する必要がある。

解説

フォークリフトの代替としての自動倉庫

　自動倉庫は保管効率、ピッキング効率などを向上させる目的で導入されることが多いが、工夫して使うことでフォークリフトの稼働台数を削減し、コスト削減に結びつけることも可能になる。

　入庫、格納、保管、ピッキング、出庫という一連の動線をフォークリフトとパレットラックを用いて処理するのが一般的な庫内作業といえるが、自動倉庫のパレット保管システムを効果的に導入することでフォークリフト荷役を減らす。さらに、パレットラックの場合、フォークリフトの動線となる比較的広い通路が必要になるが、自動倉庫では通路が不要となるため、保管効率が向上する。

　自動倉庫の入出庫は無人で行えるので、フォークリフトオペレーターやピッキング作業者などが不要になり、人件費の大きな節約にもつながる。もちろん、ピッキングミスなどのヒューマンエラーもなくなるし、先入れ先出し法を作業者の負担なく、きちんと遂行できるようにもなる。また、入出庫が迅速に

処理できるようになるため、トラックの荷待ち時間も短縮できる。

　なお、ピース単位、ケース単位などの中小ロットの運搬については手運搬に加えて台車やかご車が使われることが多いが、コンベヤやフローラックをうまく組み合わせることで運搬動線を短くできる。これも発想としては、マテハン機器との組み合わせで運搬効率の向上を図るというものである。保管効率と運搬効率の双方の向上を同時に目指すという発想が、効率的な庫内レイアウトの設計の際の大きなヒントとなる。

図　フォークリフトの代替としての自動倉庫

目的

自動倉庫の導入

- 保管効率の向上
- 入出庫の迅速化

自動倉庫をきっかけにいろいろな改善ができるね

波及効果

パレット保管システムの導入

- フォークリフト荷役の削減
- 作業者数の削減

改善のコンセプト

保管効率と運搬効率の双方の向上

- 作業動線の工夫による手荷役・手運搬の解消
- マテハン機器の効果的な活用

関連情報　自動搬送車（AGV）

　庫内における手運搬、台車運搬にかかる作業者の負荷を低減する目的での導入事例が増えている。AGVに運搬を任せることにより、作業者はピッキングなどの人力をより必要とする作業に専念することが可能になる。

32 大型自然災害の発生に備えた倉庫整理を行いたい

難易度 ★★☆

この状況どうする 雑然とした庫内外の環境を整備したい

　保管エリアには独立したスチール棚が並べてある。また検品台などには可動性を重視してキャスターを取り付けてある。パレットはスペースを十分に確保するために庫外の壁面に縦置き、立てかけて保管している。空コンテナは積上げて野外に保管している。通路には段ボール箱が高積みされている。震災などが発生した場合、現状の倉庫管理で被害が大きくならないか心配している。

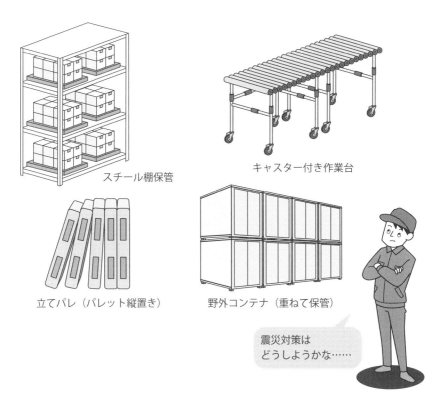

スチール棚保管

キャスター付き作業台

立てパレ（パレット縦置き）

野外コンテナ（重ねて保管）

震災対策は
どうしようかな……

避難経路を確保し、
荷崩れや荷崩落が発生しない庫内環境を構築

　地震発生の際に避難経路を塞ぐような荷崩れの発生を防ぐという視点から、スチール棚は入念に固定した。作業台などのキャスターも使用後の固定を徹底した。パレットの縦置きは倒壊による事故のリスクを考慮して平置きに改め、風が強い日や夜間は屋内に保管することにした。地震で倒壊するリスクを考え、コンテナを重ねて保管するのは避けて一段平置きとした。

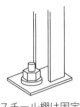

スチール棚は固定

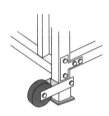

作業台キャスター固定

パレットは平積みで屋内に保管

コンテナは一段平置き

浸水リスクを考えてパソコンなどは2階に設置

災害を想定して準備する必要があるね。
避難通路の確保も大切だね

改善効果

　棚や作業台を固定したことで荷崩れ、倒壊のリスクが軽減された。またパレットの屋内平置きやコンテナの一段置きで、強風の際に飛ばされるなどのリスクも解消された。あわせて、パソコンなどの情報機器は可能な限り、浸水リスクの低い上層階に運ぶなどの対策を行うことで、震災などの発生時のダメージを最小限にできる。

改善の コツ　倒壊などによる二次災害リスクを警戒する

▶ 改善の流れ

　スチール棚を固定し、地震による倒壊リスクを軽減する。作業台はオペレーションの最中には可動するようにしておくが、作業後には固定するよう作業者に周知徹底しておく。パレットについては天候を見定め、強風時や台風などの前日は屋内で保管する。コンテナについてはスペースが許す限り、一段のみで保管する。浸水リスクも想定して、パソコン機器や資料などは2階以上に保管する。

▶ ここがポイント：倉庫の浸水対策

　庫内の排水設備の整備に加え、庫内に隣接する更衣室などの排水溝の管理にも気を配る。土のうの準備やシャッターの活用も重要になってくる。多層階の倉庫では2階以上に貨物を迅速に移せるようにもしておきたい。

解説

BCPへの対応

　BCP（事業継続計画）の考え方として、被災後できるだけ短期間でいかに通常通りに戻すか、緊急物資輸送などの社会から求められる物流機能をいかに担うか、顧客のサプライチェーンをいかに確保し、早急に回復するかという視点が重要になる。また、従業員が危険にさらされたり、過労などで体調を崩したりするようなやり方は避けなければならない。そのうえで、自社、あるいは業界にとって、どのような対応が望ましいかを平時から考え、準備しておく。発災、復旧に際して適切に対応する必要がある。

　防災対策では、重要代替拠点や庫内設備の確保など、常日頃から災害のリスクを把握しておく姿勢が大切である。どのようなリスクがあり、必要な準備、対応、措置などについて強く意識する必要がある。

　発災直後の措置では、人命を最優先し、従業員の安否確認を行い、被害把握を行う。さらに復旧対策の実行では、庫内オペレーションの操業度が低下した場合を想定し、取引先などの関係者と協議したうえで優先順位を想定し、復旧を図る。作業者の過重労働を防ぐようにし、精神的、金銭的なケアの実施体制

も必要になってくる。

　また平時から「想定外」を「想定」するというリスクマネジメントの考え方をもって準備する必要がある。定期的な訓練や反復実施の継続、BCPの継続的な見直し、業務の一時停止に向けた事前準備などに加えて、代替輸送網の構築や備車の手配や在宅勤務体制の整備も必要になる。

　自然災害について、「いかにリスクを把握し、どのように回避していくか。またリスクが現実化した場合にはどのように対応するべきか」ということが重要になってきている。

図　BCP における物流の対応

BCP

被災後の短期間でのリカバリー／緊急物資輸送などの物流機能
顧客のサプライチェーンの確保／従業員の安全確保

防災対策
- 重要代替拠点や庫内設備の確保
- 常日頃からの災害のリスクの把握

発災直後の措置
- 人命最優先の対応
- 従業員の安否確認
- 被害把握

復旧対策の実行
- 庫内オペレーションの操業度の確認
- 取引先などの関係者と協議して優先順位を想定
- 作業者の過重労働の回避
- 精神的、金銭的なケアの実施体制の構築

平時からの準備
- 「想定外」を「想定」するというリスクマネジメントの考え方
- 定期的な訓練や反復実施の継続
- BCP の継続的な見直し
- 業務一時停止に向けた事前準備
- 代替輸送網の駆逐や備車の手配
- 在宅勤務体制の構築

関連情報　救出救護訓練

　倉庫、事務所などの建物の倒壊、貨物の荷崩れなどによる負傷者が出た場合でも、適切に救出、救護、救助ができるように訓練する。負傷者に対する応急手当のやり方や医療機関への搬送手順なども確認する。

33 合理的な台車運搬で腰の負担を軽減したい

難易度 ★☆☆

この状況どうする　非効率な運搬で腰の負担も大きい

　ケース単位の荷物を台車で運んでいるが、腰の痛みを訴える作業者が増えている。台車には載せられるだけの段ボール箱を載せて一度に運び、作業時間を可能な限り短くしている。最短距離で運ぶことを優先して傾斜のある経路も使っている。また、効率的に運搬作業に取り組めるように、休憩時間も作業終了後にまとめて取るように指示している。

作業者の負担を小さくするために最短距離を
一度に大量に運んでもらっているんだけどね。
安全対策と効率化策の両方が必要だなあ……

台車運搬の安全管理の基本ルールを定めて、腰痛防止策を周知徹底する

　安全管理の視点から台車運搬の基本ルールを定める。最大許容荷重や積載有効サイズを確認したうえで、積荷の重心が偏らないように荷物を載せる。前方が見えなくなるまで載せるようなことは避け、人力で押して運搬し、ひっぱり運搬はしない。また回り道になっても平坦で十分な広さのある経路を通る。腰痛防止として、作業開始前には十分な柔軟体操も行う。

台車運搬ルール

- 平坦な経路を通行
- 過積載の回避
- 前方確認できる積載高
- 人力による押し運搬
- 引っ張り運搬の禁止
- 適切な速度での運搬（目安として 4km/h 以下）
- 作業者の荷台搭乗は禁止
- 走行中のストッパー禁止

作業にあたってのルール

- 柔軟体操で腹筋、背筋を柔らかくしておく
- 台車運搬中などに急激な姿勢変更や無理な姿勢を取らない
- 人力運搬は 1 荷物 25kg 以内（それ以上は 2 人体制）
- 長時間労働は避けて、規則的に小休止を取る

運搬のルールと作業にあたっての
ルールと、両方必要だね

改善効果

　台車運搬の基本ルールを定めたことにより、運搬中に荷崩れしたり、庫内の歩行者などとの衝突事故が発生したりすることがなくなった。作業者からは、柔軟体操を行ったうえで、無理な姿勢での作業や長時間作業を行わなくなったことから「運搬作業による疲労が軽減されたようだ」という声が聞かれるようになった。

改善の
コツ

運搬物の重量を可視化して作業負担を軽減

▶ 改善の流れ

　安全管理の視点から台車運搬にあたっての荷台への積載重量、積載方法、運搬経路を決める。バラ単位の荷物や重心が不安定な荷物は容器に入れたうえで台車に載せ、前方が見えなくなるまで重ね置きしない。あわせて作業者には準備運動をさせたうえで、長時間作業にならないように小休止や他の軽作業などを適時取り入れながら、台車運搬に従事させる。

▶ ここがポイント：ねんざ・腰痛の防止

　適切な作業姿勢で体力と運搬物の重量をバランスを考えたうえで作業する。運搬物については可能な限り可視化して、バラ単位、ケース単位で重量がわかるようにする。簡単なストレッチも腰痛防止に効果的といわれている。

解説

安全を意識した手作業の実践

　物流現場における手作業は安全面、効率面から可能な限り少なくしたいものだが、コスト面や技術面などから、容易に機械化、自動化できないケースが多い。まして「お金をかけずに改善する」という視点から考えると、まずは安全に係わるルールをしっかり定めて、作業環境の負荷を軽減し、あわせて作業者の健康面からのケアを充実させることになるだろう。基本的な考え方としては運搬物の重量を作業者が把握できるように可視化したうえで、運搬距離は可能な限り短くするように庫内レイアウトを設計しておきたい。

　また、手運搬や台車運搬しやすいような荷姿の工夫も重要である。荷物の大きさ、重さ、重心などが不統一であれば、トラック荷台やパレット、台車などへの積込み、積卸しの際の手荷役の負担が大きくなる。積卸しに際しては、身体が伸びきった状態、背伸びした状態などで行わないようにする。基本的に荷物は肩よりも上部で取り扱わず、必要に応じて踏み台などを活用する。

　庫内の照度も作業負担に影響する。床面の状態を確認できるようにすることで足場が安定するからである。

作業着は、可動域が大きく、身体が動かしやすいデザインで、身体を保護できる素材であれば負担は軽減される。滑りにくい安全靴も大切である。作業手袋、軍手や腰部保護ベルト、アシストスーツ（作業負担軽減着）なども活用するとよい。

図　安全を意識した手作業の工夫

物流現場の手作業

基本方針	運搬物の重量を作業者が把握できるように可視化 運搬距離は可能な限り短く庫内レイアウトを設計

手作業の工夫

荷姿
- 手運搬・台車運搬への対応
- 荷物の大きさ、重さ、重心などの統一

作業姿勢
- 身体が伸びきった状態、背伸びした状態の回避
- 肩よりも下部での荷扱い
- 踏み台などの活用

庫内照度
- 床面の状態が確認できる明るさ
- 前方の見通しがよい明るさ

作業着
- 可動域が大きく、身体が動かしやすいデザイン
- 身体を保護できる素材
- 滑りにくい安全靴、作業手袋、軍手、腰部保護ベルト、アシストスーツの活用
- 弾力マットの活用

関連情報　かご車の運搬

　かご車の運搬ではどうしても前方の視界が悪くなる。作業環境を整備するという観点から仕分けスペースの照明を明るくしたり、かご車置き場の位置表示や通路指示を床面に明示したりしておくとよい。

34 ヒヤリハットを減らし 配送時間を短縮したい

難易度 ★☆☆

この状況どうする

より一層の安全・安心な配送ルートを構築したい

　トラック輸配送経路については、TMS（輸配送管理システム）などの発達もあり、経路最適化が進んでいる。しかし、トラックドライバーの感じるヒヤリハットはなかなかなくならならない。トラックドライバーから、「危ない思いをした」という報告を受けることも少なくない。配送ルート構築の視点から改善に着手して、トラックドライバーのヒヤリハット報告を減らしたいのだが……。

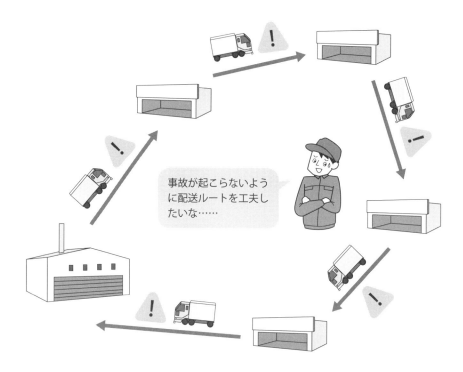

こうすれば改善できる 8

配送エリア内のヒヤリハット発生地域を図示したエリアマップを作成

「信号が多く、追突しやすい」「道路のアスファルトが削れていて、ハンドルを取られやすい」「対向車が見にくい」といったヒヤリハット体験スポットを収集した。経験豊富な何人ものドライバーから聞き取り調査を行い、自社の配送エリア内のヒヤリハット発生地域を図示したエリアマップを営業所内に大きく貼り出した。また、ドライバーにもそのコピーを個別に配布した。

ヒヤリハットマップの作成

ヒヤリハット発生の状況を
フィードバックしておくんだね

歩行者が多いエリアや、死角
があって事故が発生している
ルートは回避しよう

改善効果

　ヒヤリハットの安全マップを作成したことにより、安全に対する意識が高まり、「ここも事故注意地域に入れたほうがよい」といったトラックドライバーの意見が積極的に寄せられるようになった。輸配送エリアについて安全に対する意識がこれまで以上に高まったことで、結果として配送リードタイムも短縮され、輸配送経路も事故やヒヤリハットが発生しにくいように適正化された。

改善の
コツ　安全性を確認しながら適正ルートを再構築

▶ **改善の流れ**

　自動生成される配送ルート上に通学路、商店街、工事現場、自転車頻繁往来地域、大型トラック通行不可能地域、死角の生じる十字路などが存在しないかなどを実際に確認する。そのうえで、トラックドライバーからのヒヤリングも行い、適正ルートを作成する。ヒヤリハット報告なども、適時補いながら安全ルートマップを完成させる。ルートマップは物流現場のスタッフとトラックドライバーで共有する。

ここがポイント：高さ制限への対応

　トラックの場合、高さ制限が問題になることがある。道路交通法の高さ制限は基本的に3.8m（一部道路は除く）だが、それ以下の高さの制限が設けられている場合も少なくない。迂回路なども含めてルートを考える必要がある。

解説

配送ルートの策定

　配送ルートの構築は「最短距離がもっとも効率的」というわけではない。最短距離であっても、工事現場をいくつも抜けなければならなかったり、通学路や商店街など人通りの多い経路だったりすれば、目的地に到達するまで時間がかかる。すなわち、最短距離ではなく、安全に配慮したうえでの最短ルートを考える必要がある。したがって、ナビゲーションソフトなどの自動生成だけに頼るのは避けたい。

　加えて、乗用車などとは異なるトラック特有の事情にも配慮する必要がある。高さ制限はもとより、道路幅が狭く一方通行で大型トラックなどが通れない「狭隘道路」の存在にも注意する必要がある。

　また、道路交通法上などは問題がなくても、迂回ルートを検討することでトラブルを回避できるケースも多い。たとえば「右折の際に歩行者が死角に入りやすい」「自転車が急に飛び込んできた経験が何度もある」「坂道や信号が続き、なんとなく運転しにくい」など、現場からのトラックドライバーの声も可

能な限り反映させていくのが好ましい。

　工場への納品などにおいては、高さや道路幅については通行可能であるものの、周辺環境の問題で迂回路などを指定されていることがある。物流事業者と着荷主にあたる工場関係者が情報を共有して、ナビゲーションソフトが生成したルートを適時、見直す必要があることも多い。ヒヤリハットの報告を可能な限り収集し、トラックドライバーの精神的な負担を可能な限り少なくできる配送ルートを工夫、作成していく努力も大切になる。

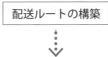

図　配送ルートの策定のポイント

配送ルートの構築

基本方針	最短距離よりも安全に配慮した「最短時間」を重視 トラック配送の特殊性を考慮

考慮条件

交通事情

- ●「坂道が多い」「信号が多い」などの渋滞発生の可能性を検討
- ●通学路、商店街などの回避
- ●工事現場などの影響を検討

道路状況

- ●高さ制限、狭隘道路などのチェック
- ●事故多発箇所の回避（右折時注意、事故多発の交差点通行など）
- ●交通標識の見落としや複雑な分岐路などの注意

ヒヤリハット報告

- ●子どもの飛び出し、自転車との接触リスク・右左折における接触リスク
- ●走行中の荷崩れ、衝突、追突などのリスク
- ●その他の予測外のトラブル

納品慣習・庭先条件

- ●納品先指定の配送ルート
- ●納品待機場所の指定
- ●搬入スペース・駐車場などへの対応

関連情報　**標準的な運賃**

　トラック運送の品質向上などを念頭に「標準的な運賃の告示制度」が設けられている。距離制、時間制による運賃表が設定されている。物流事業者は地方運輸支局へ届出を提出し、取引先に対して申入れ、交渉を行う。

35 倉庫火災を発生させない庫内管理を実践したい

難易度 ★☆☆

この状況どうする 防火体制を充実させ万が一の火災に備えたい

　危険物倉庫に保管されているスプレー缶などの出荷体制を効率化するために、「普通品を保管している倉庫（1類倉庫）に横持ちしてから混載し、出荷してはどうか」という提案が社内から出された。しかし、防火・防災の観点から考えて、その提案を受け入れてよいものかどうか迷っている。万が一の倉庫火災に備えておく必要があることを痛感している。

一括保管
混載出荷

スプレー缶　　化粧品　　防虫剤

危険物

普通品

普通品：一般的な、危険品ではない製品

●スマートフォンやバッテリーなどの電池に含まれるリチウムイオン蓄電池の電解液（消防法別表の第四類第二石油類に該当）
●ヘアスプレーなどのエアゾール製品（高圧ガス保安法の高圧ガスに該当）

ただし1類倉庫などで保管可能な物品・消防法第9条の4第1項の指定数量未満のもの・高圧ガス保安法第3条第1項第8号に該当するものは、危険物倉庫のみならず1類倉庫での保管も可能

指定の数量を超えて危険物が保管されることがないよう注意する必要があるね

普通倉庫では現場レベルで危険物の指定数量をしっかり把握して十分注意して保管

　普通倉庫では原則として危険物の保管を行わないようにする。やむを得ない場合には消防法の規制を受ける危険物の指定数量を超えないように現場スタッフ全員が情報共有し、火気に注意しながら取り扱うことにする。庫内を禁煙とし、喫煙場所を危険物の保管エリアから離して設置し直した。万が一の火災発生時の対策として避難訓練を行い、夜間警備を充実させることにした。

スプレー缶　　化粧品　　防虫剤

原則として
分離して保管

危険物

普通品

指定数量倍数計算式（1種類の場合）

指定数量の倍数＝実際の保管量 ÷ 指定数量
＊危険物取扱者なしで1類などの普通倉庫で扱えるのは、「少量危険物」である「指定数量の5分の1未満」

火気対策として、喫煙管理や夜間警備も必要だね

消防法に違反することのないよう、実際の保管量をしっかり把握しよう

改善効果

　原則として分離保管することで、火気によるリスクは軽減された。また「指定数量がどれくらいなのか」「現在の保管量がどれくらいなのか」という数値が見える化されたことで、普通倉庫に危険物を保管する場合にも過剰に在庫を抱えなくなった。さらに喫煙管理を徹底し、夜間警備を充実させたことで、たばこの不始末による火事や夜間の放火、不審火の発生などのリスクも軽減された。

改善の コツ　危険物や可燃物の大量の高密度保管を解消

▶ 改善の流れ

　危険物と普通品は原則、分離して保管するしくみ作りを行う。指定数量については現場スタッフ全員が情報共有し、見える化を励行する。また、危険物のみならず可燃物についても大量に高積み保管をしたり、保管効率を最大化するために密集させて保管させたりしないように配慮する。あわせて喫煙スペースは倉庫施設から離れた場所に設置する。夜間警備を充実させるとともに防犯・防災の観点から夜間照明灯やセンサーなども設置する。

▶ ここがポイント：防火シャッターの確認

　防火シャッターがきちんと作動するかを日頃から確認しておく。防火シャッターの各区画は可能な限りコンパクトにする。また防火シャッターが閉まらなくならないように、仮置きや留め置きの可燃物の高積みに注意する。

解説

　窓が少なく、閉ざされた空間で荷崩れなどがあれば避難経路がふさがれるし、ラックなどの崩落のリスクもある。夜間に火災が発生すれば消防署などへの通報が遅れる恐れもあるなど、倉庫は一度、火災に巻き込まれると大惨事に陥るリスクもある。危険物、可燃物といった自然発火のリスクもある保管物などに起因する火事の発生のリスクについて、十分に注意する必要がある。

　自然発火の恐れのある貨物の保管に際しては湿度、湿度が正常値、適正値であるかどうかを常にチェックして、必要に応じて換気などを十分に行うようにする。粉塵などによる爆燃のおそれがある貨物も同様である。換気などに注意し、清掃、清潔を徹底する。たとえば化学製品、薬品などの性質や取扱い方法などについて、わからないことがあれば荷主に問い合わせて、確認しておく必要もある。指定可燃物、毒物・劇物の保管は、それぞれの法令に適合する方法で行う。

　庫内の防火体制についていえば、照明や配線などのメンテナンスについても注意する。定期的に絶縁点検、ブレーカー点検などを実施し、建物に電線など

が接触しないよう気をつけるようにする。加えて消火用水などは清潔に保ち、常に容量いっぱいにしておく。

　なお、自然発火のみならず、放火などにより、火災が発生してしまうケースもある。防災の視点から放火の発生についても徹底した警戒が必要である。たとえば、夜間に倉庫敷地内に駐車中のトラックやフォークリフトなどからガソリンや軽油を抜き取られるという危険もある。放火を目的に盗難されたガソリンなどが悪用されないように注意しなければならない。

図　倉庫火災対策の展開

倉庫火災

倉庫の火災リスク特性	●窓が少なく、閉ざされた空間 ●荷崩れなどがあれば避難経路がふさがれる ●ラックなどの崩落のリスク ●夜間に火災が発生すれば消防署などへの通報が遅れる恐れ ●一度、火災に巻き込まれると大惨事に陥るリスク

防火・防災対策

警備強化

●夜間警備の徹底
●自動倉庫の入庫口やラック内に、監視カメラや赤外線センサーなどを設置（温度の変化や火気の発生などの異常に対応）
●塀・門扉などの補修

防災設備や庫内設備の保守・確認

●スプリンクラーの稼働・機能の確認
●防火シャッターの稼働・機能の確認
●消火器数、避難経路などの確認
●マテハン機器などの配線の管理

可燃物・廃棄物の処理

●廃棄物は必ず収集日の当日朝に集荷指定場所に排出（夜間放火のリスクを軽減）
●可燃物の倉庫軒下での保管は原則的に回避し、やむを得ない場合は防災シートなどで覆う
●可燃物などの密集保管などの回避
●5Sの励行（倉庫の回りに廃材などの可燃物を安易に放置しないように注意）

喫煙管理・火元管理

●屋外喫煙所の管理
●喫煙具、ライターなどの庫内持ち込み禁止
●部外者の喫煙管理

関連情報　**自動火災報知設備**

　延べ床面積が500m²以上の倉庫には、自動火災報知設備設置の義務がある。火災で発生する炎や煙を庫内各所に設置されている感知器が検知し、火災信号を防災センターの受信機に送信するというものである。

倉庫業の火災保険

　倉庫業法上の規定によると、倉庫業者には火災保険の付保義務が生じている。倉庫業者は普通火災保険（倉庫物件用）に加入するのが一般的である。しかし倉庫火災は一般家屋やオフィスビルなどの火災とは異なった性質を持つため、火災保険には倉庫特約が設けられている。

　火災保険倉庫特約には、1か月分をまとめて翌月に精算する方式（「第1方式」）と、火災通知保険のしくみを導入、契約時に暫定的な保険料を領収して、1年後に確定保険料を精算する方式（「第2方式」）がある。いずれも火災、落雷、破裂、爆発などの災害によって損害が発生した場合が補償の対象である。

　倉庫業法・約款上の付保義務はないが、倉庫業者に関係する保険に受託者賠償責任保険がある。特定の施設内で保管している他人から預かった物のための賠償責任保険である。賠償金や訴訟費用などが支払われる。寄託貨物に対する破損、誤出庫などの賠償責任についての補償も必要となるケースがある。これについては、倉庫業総合賠償責任保険がカバーしている。

　なお、この保険は日本倉庫協会を契約者とする団体保険で、同協会の会員事業者のみが加入できる。また流通在庫を対象とした契約方式の火災通知保険も重要である。契約者が定期的に在庫価額を通知して、その実在庫価額に応じて保険料を算出するというしくみである。

　ちなみに運送保険には「荷主企業が付保する運送保険」と「運送会社が荷主などに対して負担する損害賠償を補填する損害責任保険」がある。また、フォークリフトなどについても自動車保険に加入しておく必要がある。

主要参考文献

『お金をかけずにすぐできる　事例に学ぶ物流現場改善』、鈴木邦成、日刊工業新聞社、2017年

『会社がみるみる良くなる「5S」の基本』、平野裕之・古谷誠著、中経出版、2005年

『金を掛けずに知恵を出す　からくり改善事例集』、公益社団法人　日本プラントメンテナンス協会編、日刊工業出版社、2009年

『金を掛けずに知恵を出す　からくり改善事例集　Part2』、公益社団法人　日本プラントメンテナンス協会編、日刊工業出版社、2014年

『90分でわかる「物流」の仕組み』、湯浅和夫編著、かんき出版、1997年

『こうすればムダが見える！ワークブック』、山田日登志＋工場経営研究調達グループ著、日刊工業新聞社、2006年

『現場で役立つ　物流／小売・流通のKPIカイゼンポケットブック』、鈴木邦成著、2023年

『コストダウン50のチェックシート』、平居義徳著、PHP研究所、1989年

『最新物流ハンドブック』、日通総合研究所編、白桃書房、1991年

『新物流実務辞典』、産業調査会事典出版センター、2005年

『図解 物流改善』長谷川勇・波形克彦著、経林書房、1995年

『すぐに役立つロジスティクスコスト削減の実務』、末岡毅著、日刊工業新聞社、2013年

『トコトンやさしい物流の本　第2版』、鈴木邦成著、日韓工業新聞社、2022年

『荷役合理化のキーワード』梁瀬仁著、ファラオ企画、1992年

『入門　物流（倉庫）作業の標準化』、鈴木邦成著、日刊工業新聞社、2020年

『物流改革の手順』、平野太三著、出版文化社、2014年

『物流改善ケーススタディ 65』、㈱日本能率協会コンサルティング編、日刊工業新聞社、2004年

『続・物流改善ケーススタディ 65』、㈱日本能率協会コンサルティング編、日刊工業新聞社、2007年

『物流改善の進め方』、角井亮一著、かんき出版、2007年

『物流現場改善推進のための手引書』、日本ロジスティクスシステム協会、2007年

『物流コスト徹底削減の具体策』、診断士物流研究会編、経林書房、1995年

『物流事業者におけるKPI導入の手引き』、国土交通省、2015年

『物流・流通の実務に役立つ計数管理／KPI管理ポケットブック』、鈴木邦成著、
　2014年

『入門　物流現場の平準化とカイゼン』、鈴木邦成著、日刊工業新聞社、2021年

『図解 よくわかるこれからの物流』河西健次・津久井英喜編著、同文舘出版、2006年

『ロジスティクス評価指標の概要－荷主KPI－』、日本ロジスティクスシステム協会、
　2008年

索　引

著者略歴

鈴木 邦成 (すずき　くにのり)

　物流エコノミスト、日本大学教授（物流・在庫管理などを担当）。レンタルパレット大手のユーピーアールの社外監査役も務める。一般社団法人日本SCM協会専務理事、一般社団法人日本ロジスティクスシステム学会理事、日本物流不動産学研究所アカデミックチェア。

　主な著書に『入門　物流現場の平準化とカイゼン』『入門　物流（倉庫）作業の標準化』、『トコトンやさしい物流の本　第2版』、『現場で役立つ　物流／小売・流通のKPIカイゼンポケットブック』、『トコトンやさしいSCMの本　第3版』、『お金をかけずにすぐできる　事例に学ぶ物流現場改善』『新・物流マンポケットブック』、『図解　国際物流のしくみと貿易の実務』、『物流・トラック運送の実務に役立つ　運行管理者（貨物）必携ポケットブック』、『トコトンやさしい小売・流通の本』（いずれも日刊工業新聞社）、『物流DXネットワーク』（NTT出版）『スマートサプライチェーンの設計と構築』（白桃書房）、『シン・物流革命』（幻冬舎）などがある。中国語、韓国語訳での出版、英語共著の海外出版（シュプリンガー社）などもある。物流・ロジスティクス・サプライチェーンマネジメント関連の学術論文、寄稿なども多数。

現場の「困った!」を解消する
基礎からわかる物流現場改善   NDC336

2023年8月30日　初版1刷発行   定価はカバーに表示されております。

　　Ⓒ著　者　　鈴　木　邦　成
　　　発行者　　井　水　治　博
　　　発行所　　日刊工業新聞社

　　　〒103-8548　東京都中央区日本橋小網町14-1
　　　電話　書籍編集部　　03-5644-7490
　　　　　　販売・管理部　03-5644-7403
　　　　　　FAX　　　　　03-5644-7400
　　　振替口座　00190-2-186076
　　　URL　https://pub.nikkan.co.jp/
　　　e-mail　info_shuppan@nikkan.tech

　　　本文イラスト　岩井千鶴子
　　　印刷・製本　新日本印刷株式会社

お金をかけずにすぐできる
事例に学ぶ物流現場改善

鈴木 邦成　著

ISBN 978-4-526-07669-5　A5 判・156 ページ

大がかりなマテハン（物流関連）機器を導入したり、情報システムの刷新を図ったりするのではなく、まずは現場で創意工夫を凝らして物流改善を行いたいというニーズに応えた本。低コストで頭を使って解決する物流現場改善の事例を集めた。

第1章　物流アイデア改善の進め方
第2章　動線が変われば作業効率も変わる！
第3章　整理整頓・見える化の徹底で改善！
第4章　定位・定品・定量の徹底で物流現場を改善！
第5章　アイデア改善で作業効率を向上！
第6章　物流現場のしくみを改善！
第7章　現場力アップで改善！

現場で役立つ 物流／小売・流通の KPIカイゼンポケットブック

鈴木 邦成　著

ISBN 978-4-526-08247-4

新書判・176ページ

　物流現場では、カイゼンのための指標作りや数値化が難しいことが課題になっている。本書では、「KPI管理」計数管理」をベースに、物流現場／流通・小売の現場で頻出するKPIを解説していく。